1개월 완성! 대담하게 가자!

2개월 완성! 탄탄히 아자!

preface

안녕하세요, '차이나라이 중국어' 나라이쌤입니다. <차이나라이 중국어회화>는 유튜브 채널 '차이나라이 중국어'에서 인기를 얻은 중국어 왕초보 강의에서 힘을 얻어 제작하게 되었습니다. 제 수업 특유의 간단명료한 방식으로 학습지 형태의 교재를 출판하는 것이 가능할까에 대해 고민했지만 몇 년간 이어진 구독자님들의 칭찬과 응원으로 드디어 책을 출판하게 되었습니다. <에어클래스>에서 판매되는 동영상 강의와 함께 공부하도록 구성되었지만 독학하시는 분들도 효과를 볼 수 있도록 다음과 같은 부분에 중점을 두고 구성하였습니다.

- **직관적이고 단도직입적인 학습:** 많은 설명을 배제하고, 단어를 공부하면 즉각적으로 문장을 만들어 낼 수 있는 방법으로 구성하였습니다.
- **학습자 중심의 학습:** 교사가 계속해서 설명하는 방식이 아니라, 핵심적인 내용만 전달하고 이를 바탕으로 학습자가 스스로 반복 훈련할 수 있도록 질문을 던지는 형식을 취했습니다.
- **성인 학습자의 특성 고려:** 성인 학습자는 이미 모국어가 확립된 상태이므로, 아이처럼 무조건 많이 듣고 따라 하는 방법으로는 어려움이 있습니다. 나이가 들면서 암기력보다는 이해력이 높아지기 때문에 문법 구조를 알고 이를 활용하는 방법으로 제시했습니다. 특히 중국어는 '고립어'라는 언어적 특징으로 인해 '은/는', '~에'와 같은 문법적 수식이 없어도 의사 표현이 가능하므로, 초급 수준에서도 어느 정도 말을 빨리 구사할 수 있습니다. 이 정도만 되어도 중국 여행에서 어눌하지만 즐겁게 현지인과 소통하는 경험을 할 수 있으며, 이는 계속해서 공부하고자 하는 동기부여가 될 것입니다.
- **한국어와의 차이점 부각:** 중국어를 배울 때 한국어와 크게 다른 점은 존댓말 사용 여부, 동사(서술어)와 목적어의 위치, 그리고 성조의 유무입니다. 일상생활에서 사용되는 한국어와 더욱 유사하게 가기 위해 작문 제시문은 존댓말과 반말을 의도적

차이나라이 중국어회화 LEVEL 1

으로 혼용하여, 이를 통해 중국어에서는 그 둘을 크게 구분하지 않음을 인지할 수 있도록 하였습니다. 또한, 한국어에서 잘 사용되지 않는 3인칭 표현인 '그, 그녀, 그들'을 이해를 돕기 위해 사용하되, '쟤'라는 표현도 3인칭 지칭에 사용될 수 있음을 보여주고자 했습니다. 반대로, 한국어에서는 주어를 생략하는 경우가 많지만, 중국어로 말할 때 의식적으로 주어를 포함하는 연습도 가능하도록 배치하였습니다.

- **인풋과 아웃풋:** 무엇이든 입력(인풋)이 있어야 출력(아웃풋)이 가능합니다. 언어 학습에 있어 어느 정도의 암기는 필수적입니다. 반복적인 입력을 통해 출력이 가능하도록 공백 연습문제가 많은 것도 이 때문입니다. 홀수 단원에서는 새로운 단어를 외우고, 그 단어로 충분히 많은 문장을 만들어낼 수 있음을 인지하시고, 짝수 단원에서는 단어를 활용한 회화문을 통해 조금씩 디테일한 문법과 자연스러운 표현으로 점점 긴 문장을 만드는 연습을 하십시오. 짝수 단원에서 학습한 내용의 회화문을 한어병음이나 중국어로 완성시키는 부분은 답지에 제공되지 않았으니, 본문 회화문을 참고하시기 바랍니다.

언어 공부, 특히 작문을 하다 보면 내가 생각한 표현이 답지에 없을 때가 있습니다. 지면상의 한계와 설명의 한계로 여러 표현을 모두 다룰 수 없음을 이해하시고, 답지에 있는 표현만이 정답이 아니라는 여유를 가지시길 바랍니다. 또한, 여러 중국인의 발음을 들어 볼 수 있도록 세 명의 다른 목소리로 녹음을 했으니 좀 더 실제적인 발음이 될 것입니다.

중국어 학습에 도전하는 여러분을 응원합니다. 이 교재가 중국어를 배우는 즐거움을 더하고, 여러분의 삶에 새로운 경험을 열어주기를 바랍니다.

contents

第 1 课　발음과 숫자 ·· 6
第 2 课　几月几号？(몇 월 며칠이야?) ······················ 16
第 3 课　호칭과 인사말 ·· 27
第 4 课　你叫什么名字？(너 이름이 뭐야?) ··············· 37
第 5 课　나라 이름과 국적 ······································ 50
第 6 课　你是哪国人？(어느 나라 사람이야?) ············ 59
第 7 课　가족 호칭 ··· 69
第 8 课　你家有几口人？(너희 집은 몇 식구야?) ······· 79
第 9 课　먹고 마시는 것 ··· 91
第10课　你想吃什么？(뭐 먹고 싶어?) ····················· 100
第11课　장소 ·· 110
第12课　你去哪儿？(어디 가?) ································ 119
第13课　교통수단 ·· 131
第14课　你要坐什么去？(뭐 타고 갈 거야?) ············· 140
第15课　형용사 ··· 150
第16课　你好吗？(잘 지내?) ··································· 159

답지 ·· 171

차이나라이
중국어회화 LEVEL 1

1
발음과 숫자
차이나라이 LEVEL 1

중국어의 시작

발음을 배워 봅시다.

모음

- **a** — 입을 크게 벌리고 [아]로 발음.
- **o** — [오] 소리에서 시작해서 천천히 입을 벌리며 [오어]처럼 발음.
- **e** — [으] 소리에서 시작해서 천천히 입을 벌리며 [으어]처럼 발음.
- **i** — 입을 양옆으로 벌리며 혀에 힘을 주는 느낌으로 [이]로 발음.
- **u** — 입술을 동그랗게 오므려 힘을 주는 느낌으로 [우]로 발음.
- **ü** — 입술은 'u[우]' 모양으로 고정한 채, 안에서 'i[이]'를 발음. [위]처럼 들리지만 입모양이 변하지 않아야 함.

자음

입술을 붙였다 떼면서 소리를 냄	b	p	m	
윗니가 아랫입술을 살짝 물었다 떼면서 소리를 냄	f			
혀끝이 윗니 뿌리를 치면서 소리를 냄	d	t	n	l
혀뿌리 쪽에서 끌어올리면서 소리를 냄	g	k	h	
혀를 말면서 소리를 냄	zh	ch	sh	r
혀끝이 윗니 뒷부분을 마찰하면서 소리를 냄	z	c	s	
공기가 혓바닥 면을 통과하면서 소리를 냄	j	q	x	

중국어의 시작
성조를 배워 봅시다.

성조

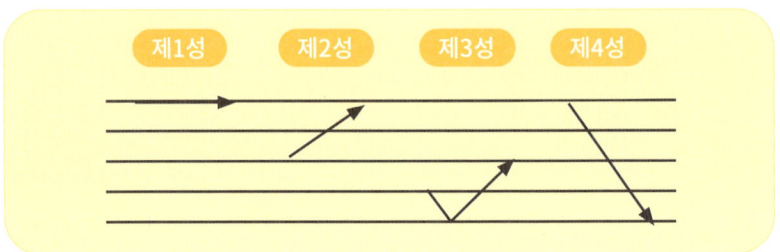

제1성	솔 정도의 높이에서 높고 길게 발음.
제2성	미에서 솔로 빠르고 부드럽게 올라가는 느낌으로 발음.
제3성	가장 낮은 소리인 도로 내려갔다 올라오는 발음. 소리가 가장 길게 발음 되지만, 구어에서는 소리를 낮추고 올라오지 않는 '반3성'으로 발음되는 경우가 많음.
제4성	솔에서 도로 짧고 빠르게 급하강 하는 발음.
경성	원래의 성조를 잃고 짧고 가볍게 발음됨. 앞의 성조가 무엇이냐에 따라 높낮이가 다르게 느껴짐. 어법적인 역할을 하는 한자는 경성으로 발음되는 경향이 있음.

***성조의 표기

: 모음에 표시하되, 모음이 여러 개일 경우 입 모양이 큰 쪽에 표시한다.

a 〉 o 〉 e 〉 i 〉 u 〉 ü

<예> xiào, guó

출력하기
성조의 높낮이를 기억하며 다음을 말해 보세요.

mā	shī	jiā	chē
guó	xué	yé	péng
lǎo	fǎ	yǐng	shuǐ
zài	diàn	kuài	yuàn

출력하기
발음에 주의하며 다음을 말해 보세요.

shāo	chuáng	zhǔn	rì
tè	zěn	gěi	bié
shǐ	zī	sì	cái
jiǔ	qiú	shuǐ	guì
xué	qù	jūn	nǚ
yī	wǔ	yǔ	yùn

출력하기

발음을 듣고 성조를 표시하세요.

ba	san	he	chang
chi	nai	kan	hao
xiang	cao	bei	peng
sheng	yuan	qian	yin

 단어 배우기

숫자

一	yī	일 (1)
二	èr	이 (2)
三	sān	삼 (3)
四	sì	사 (4)
五	wǔ	오 (5)
六	liù	육 (6)
七	qī	칠 (7)
八	bā	팔 (8)
九	jiǔ	구 (9)
十	shí	십 (10)

단어 익히기

단어를 써 보면서 충분히 단어를 익히세요.

일 (1)	一 yī				
이 (2)	二 èr				
삼 (3)	三 sān				
사 (4)	四 sì				
오 (5)	五 wǔ				
육 (6)	六 liù				
칠 (7)	七 qī				
팔 (8)	八 bā				
구 (9)	九 jiǔ				
십 (10)	十 shí				

출력하기

다음 숫자를 한어병음으로 써 보세요.

4	12	58	45
26	17	39	85
41	50	63	7
79	8	99	67

출력하기

다음 숫자를 한자로 써 보세요.

2	10	89	25
43	61	90	37
6	52	74	16
30	48	65	79

2
几月几号?
차이나라이 LEVEL 1

복습하기

다음 숫자를
한어병음으로 쓰세요.

33	85	21	54
62	90	69	58
3	16	36	47
81	70	22	75

복습하기
다음 한자를 숫자로 쓰세요.

八十三	六十九	二	十四
九十一	三十七	五	七十六
十二	二十八	零	四十四
五十	六十五	八十二	一百

오늘의 회화

날짜
묻고 대답하기

 今天几月几号？

A : 今天几月几号？　　　　Jīntiān jǐ yuè jǐ hào?

B : 今天8月31号。　　　　Jīntiān bā yuè sān shí yī hào.

A : 圣诞节几月几号？　　　Shèngdànjié jǐ yuè jǐ hào?

B : 圣诞节12月25号。　　 Shèngdànjié shí'èr yuè èrshíwǔ hào.

A : 你的生日几月几号？　　Nǐ de shēngrì jǐ yuè jǐ hào?

B : 我的生日4月14号。　　Wǒ de shēngrì sì yuè shísì hào.

A 오늘 몇 월 며칠입니까?

B 오늘은 8월 31일입니다.

A 성탄절은 몇 월 며칠입니까?

B 성탄절은 12월 25일입니다.

A 당신 생일은 몇 월 며칠입니까?

B 제 생일은 4월 14일입니다.

단어 배우기

딱 10단어만 외워요.

今天	jīntiān	오늘
几	jǐ	몇
月	yuè	월
号	hào	일
圣诞节	Shèngdànjié	성탄절, 크리스마스
的	de	~의/~한 [명사를 꾸미는 표시]
生日	shēngrì	생일
零	líng	[숫자] 0
百	bǎi	[숫자] 100
春节	Chūnjié	춘절 (음력 1월 1일)

단어 익히기

단어를 써 보면서
충분히 단어를 익히세요.

오늘	今天 jīntiān				
몇	几 jǐ				
월	月 yuè				
일	号 hào				
성탄절, 크리스마스	圣诞节 Shèngdànjié				
~의/~한 [명사 꾸밈]	的 de				
생일	生日 shēngrì				
0	零 líng				
100	百 bǎi				
춘절	春节 Chūnjié				

출력하기
중국어로 소리 내어 말해 보세요.

号	生日	圣诞节	月
的	春节	今天	百
春节	月	生日	几
号	零	今天	圣诞节

위의 단어를 한어병음으로 써 보세요.

출력하기
제시된 단어와 맞는 한자를 고르세요.

오늘	
春节	今天

성탄절	
生日	圣诞节

몇	
几	月

일	
零	号

생일	
生日	春节

월	
月	百

bǎi	
几	百

líng	
月	零

de	
几	的

hào	
号	日

핵심 콕콕! 나라이쌤과 핵심구문을 배워요.

❶ __月 __号 (__yuè __hào) | 월 일

6月 28号	6월 28일
12月 31号	12월 31일
春节 1月 1号。	춘절은 1월 1일이에요.
几月几号?	몇 월 며칠이에요?

❷ 我(wǒ) / 你(nǐ) | 나 / 너

我爱你。	(나는 너를) 사랑해.
你爱我。	너는 나를 사랑해.
你和我	너와 나

❸ 的 (de) | ~의 / ~ 한 [명사 꾸미는 표시]

我的生日	나의 생일
你的生日	너의 생일
我的圣诞节	나의 크리스마스
我的今天	나의 오늘

회화 완성

회화문을 한어병음으로 완성하세요.

A : 오늘 몇 월 며칠입니까?

A :

B : 오늘은 8월 31일입니다.

B :

A : 성탄절은 몇 월 며칠입니까?

A :

B : 성탄절은 12월 25일입니다.

B :

A : 당신 생일은 몇 월 며칠입니까?

A :

B : 제 생일은 4월 14일입니다.

B :

회화 완성

회화문을 중국어로 완성하세요.

A : 오늘 몇 월 며칠입니까?

A : _____ 几月几号?

B : 오늘은 8월 31일입니다.

B : _____ 八月三十一号。

A : 성탄절은 몇 월 며칠입니까?

A : 圣诞节 _____?

B : 성탄절은 12월 25일입니다.

B : _____。

A : 당신 생일은 몇 월 며칠입니까?

A : _____ 几月几号?

B : 제 생일은 4월 14일입니다.

B : _____四月十四号 。

3
호칭과 인사말

차이나라이 LEVEL 1

복습하기
두 성조의 결합된 발음을 소리 내어 읽어 보세요.

1성+1성	kāfēi	yīshēng		2성+1성	fángjiān	míngtiān
1성+2성	fēicháng	Zhōngguó		2성+2성	Hánguó	yínháng
1성+3성	qiānbǐ	yīngyǔ		2성+3성	píngguǒ	niúnǎi
1성+4성	yīyuàn	shāngdiàn		2성+4성	xuéxiào	yóukè
1성+경성	māma	bēizi		2성+경성	péngyou	yéye
3성+1성	Běijīng	hǎochī		4성+1성	dàjiā	miànbāo
3성+2성	cǎoméi	Měiguó		4성+2성	miàntiáo	xiàngpí
3성+3성	nǐhǎo	shuǐguǒ		4성+3성	fànguǎn	Shànghǎi
3성+4성	hǎokàn	kělè		4성+4성	Hànzì	zàijiàn
3성+경성	wǒmen	nǎinai		4성+경성	dìdi	hùshi

복습하기

선생님의 발음을 듣고 성조 표시를 하세요.

yiyuan	didi	niunai	kafei
Beijing	pengyou	feichang	xiangpi
Hanzi	Hanguo	women	shangdian
xuexiao	kele	mingtian	fanguan

단어 배우기
사람 호칭

我	wǒ	나
你	nǐ	너
他	tā	그
她	tā	그녀
它	tā	그것
们	men	~들 [복수형]
大家	dàjiā	여러분
老师	lǎoshī	선생님
学生	xuésheng	학생
朋友	péngyou	친구

단어 익히기

단어를 써 보면서
충분히 단어를 익히세요.

나	我 wǒ			
너	你 nǐ			
그	他 tā			
그녀	她 tā			
그것	它 tā			
~들 [복수형]	们 men			
여러분	大家 dàjiā			
선생님	老师 lǎoshī			
학생	学生 xuésheng			
친구	朋友 péngyou			

출력하기
다음 단어의 한어병음을 찾아 보세요.

e	q	l	y	p	n	g	y	u	s
c	z	x	u	e	s	h	e	n	g
t	w	m	e	n	l	s	x	i	d
d	j	l	o	g	p	e	a	m	n
a	i	a	j	y	u	r	j	e	r
j	t	o	t	o	s	f	i	n	l
i	o	s	w	u	d	w	o	d	j
a	u	h	k	q	l	u	p	c	i
h	k	i	s	a	n	h	i	q	u
q	i	l	p	t	a	m	e	n	y

❶ 学生　　❷ 3　　❸ 5

❹ 선생님　❺ 7　　❻ 9

❼ 它们　　❽ 2　　❾ 너희들

❿ 여러분　⓫ 친구　⓬ 나

문장 만들기
인사말
문장 만들기

你好！	Nǐ hǎo!	안녕하세요.
你们好！	Nǐmen hǎo!	얘들아 안녕!
大家好！	Dàjiā hǎo!	여러분 안녕하세요!
老师好！	Lǎoshī hǎo!	선생님 안녕하세요!
朋友们好！	Péngyoumen hǎo!	친구들아 안녕!
再见！	Zàijiàn!	잘 가!
谢谢！	Xièxie!	감사합니다!
不客气。	Búkèqi.	천만에요. (아니에요)
对不起！	Duìbuqǐ.	미안합니다!
没关系。	Méi guānxi.	괜찮아요.

출력하기
다음 단어의
한어병음을 채우세요.

❶ 여러분	d _ _ i _
❷ 안녕하세요	_ _ _ _ o
❸ 선생님	l _ _ _ h _
❹ 친구	_ _ _ g _ _ _
❺ 학생	_ u _ _ _ _ _
❻ 그것들	_ _ _ _ _
❼ 미안해	_ u _ _ _ q _
❽ 고마워	_ _ _ _ _ _
❾ 잘 가	_ _ _ j _ _ _
❿ 괜찮아요	M _ _ _ _ _ _ _i

출력하기

다음 한자를
소리 내어 말해 보세요.

你好！	再见！	她们	朋友们好！
我们	您好！	老师好！	谢谢！
大家好！	你们好！	对不起！	学生
谢谢！	不客气。	没关系。	他们

위의 단어를 한어병음으로 써 보세요.

출력하기

다음 인사말의
한자와 병음을 쓰세요.

안녕하세요!

한자:

병음:

여러분 안녕하세요!

한자:

병음:

얘들아 안녕!

한자:

병음:

잘 가!

한자:

병음:

미안해.

한자:

병음:

괜찮아.

한자:

병음:

친구들아 안녕!

한자:

병음:

선생님 안녕하세요!

한자:

병음:

고마워.

한자:

병음:

천만에. (아니야)

한자:

병음:

4

你叫什么名字?

차이나라이 LEVEL 1

복습하기
2과의 회화문을 중국어로 완성하세요.

A : 오늘 몇 월 며칠입니까?

A :

B : 오늘은 8월 31일입니다.

B :

A : 성탄절은 몇 월 며칠입니까?

A :

B : 성탄절은 12월 25일입니다.

B :

A : 당신 생일은 몇 월 며칠입니까?

A :

B : 제 생일은 4월 14일입니다.

B :

오늘의 회화

이름
묻고 대답하기

 你叫什么名字？

A : 你叫什么名字？　　　　　Nǐ jiào shénme míngzi?

B : 我叫王伟大。　　　　　　Wǒ jiào Wángwěidà.

A : 认识你很高兴！　　　　　Rènshi nǐ hěn gāoxìng!

B : 老师，您贵姓？　　　　　Lǎoshī, nín guì xìng?

A : 我姓严，叫严娜莱。　　　Wǒ xìng Yán, jiào Yánnàlái.

B : 严老师，认识您很高兴！　Yán lǎoshī, rènshi nín hěn gāoxìng!

A 이름이 뭐예요?

B 저는 왕웨이따라고 합니다.

A 만나서 반갑습니다.

B 선생님, 성이 어떻게 되세요?

A 제 성은 엄이에요, 이름은 엄나래입니다.

B 엄 선생님, 알게 되어 기쁩니다.

단어 배우기

딱 10단어만 외워요!

叫	jiào	부르다
什么	shénme	무슨, 무엇
名字	míngzi	이름
认识	rènshi	(사람을) 알다, 인식하다
很	hěn	매우
高兴	gāoxìng	기쁘다
老师	lǎoshī	선생님
您	nín	당신 (你의 높임)
贵	guì	귀하다
姓	xìng	성씨

단어 익히기

단어를 써 보면서 충분히 단어를 익히세요.

부르다	叫 jiào				
무슨, 무엇	什么 shénme				
이름	名字 míngzi				
(사람을) 알다	认识 rènshi				
매우	很 hěn				
기쁘다	高兴 gāoxìng				
선생님	老师 lǎoshī				
당신 (你의 높임)	您 nín				
귀하다	贵 guì				
성씨	姓 xìng				

출력하기
괄호 안에 들어갈 말을 찾으세요.

shén (　　) - 무슨, 무엇

| xìng | me | guì |

(　　) xìng - 기쁘다

| gāo | hěn | lǎo |

(　　) rì - 생일

| shēng | xìng | shén |

míng (　　) - 이름

| me | zi | jiào |

(　　) shi - 알다, 인식하다

| hěn | tiān | rèn |

Chūn(　　) - 춘절

| jié | míng | jīn |

(　　) tiān - 오늘

| shēng | jīn | xìng |

출력하기
다음을 소리 내어 말해 보세요.

什么	叫	贵	认识
很	老师	名字	高兴
您	很	认识	贵
什么	叫	姓	名字

위의 단어를 한어병음으로 써 보세요.

핵심 콕콕!
나라이쌤과 핵심구문을 배워요.

❶ 叫 (jiào)   ~라고 부르다

我叫成龙(Chénglóng)。   제 이름은 성룡입니다.

我叫宋仲基(Sòngzhòngjī)。   제 이름은 송중기입니다.

我叫_____。   제 이름은 … 입니다.

你叫什么?   당신 이름은 무엇입니까?

❷ 姓 (xìng)   성씨

我姓张(Zhāng)。   제 성은 장입니다.

我姓王(Wáng)。   제 성은 왕입니다.

我姓____。   제 성은 … 입니다.

你姓什么?   당신 성은 뭐예요?

❸ 很 (hěn)   매우 (습관적으로 사용)

我很高兴。   저는 (매우) 기뻐요.

我很好。   저는 (매우) 잘지내요.

你的名字很漂亮。   당신의 이름은 (매우) 예쁘네요.

今天很冷。   오늘 (매우) 춥다.

출력하기
다음 문장을 중국어로 쓰세요.

그의 생일은 몇 월 며칠입니까?	
당신 이름이 뭐예요?	
당신의 성(씨)은 무엇입니까?	
우리 선생님 성은 조(赵 Zhào)이다.	
저는 매우 기쁩니다.	
선생님의 생신은 8월 24일이에요.	
오늘은 그의 생일이야.	
그들은 저를 사랑해요.	
나는 그녀를 알아.	
당신을 알게 돼서 기쁩니다.	

회화 완성

회화문을 한어병음으로 완성하세요.

A : 이름이 뭐예요?

A :

B : 저는 왕웨이따라고 합니다.

B :

A : 만나서 반갑습니다.

A :

B : 선생님, 성이 어떻게 되세요?

B :

A : 제 성은 엄이에요, 이름은 엄나래입니다.

A :

B : 엄 선생님, 알게 되어 기쁩니다.

B :

회화 완성

회화문을 중국어로 완성하세요.

A : 이름이 뭐예요?

A : 你叫 _____?

B : 저는 왕웨이따라고 합니다.

B : _____ 王伟大。

A : 만나서 반갑습니다.

A : 认识你_____!

B : 선생님, 성이 어떻게 되세요?

B : 老师, _____?

A : 제 성은 엄이에요, 이름은 엄나래입니다.

A : _____ 严, ____ 严娜莱。

B : 엄 선생님, 알게 되어 기쁩니다.

B : 严老师, _____ 很高兴。

중간 점검

1~4과에서 배운 단어의 한자, 한어병음, 뜻을 쓰세요.

四	叫	大家	什么
他们	我	它	几
六	很	的	月
贵	高兴	你们	百
八	你	她	春节
학생	칠 (7)	이름	생일
친구	오 (5)	알다,인식하다	이 (2)
선생님	일	삼 (3)	(숫자) 0
일 (1)	크리스마스	구 (9)	그
오늘	성씨	당신 [你의 높임]	십 (10)

중간 점검
주어진 문장에 맞는 한자와 한어병음을 쓰세요.

문장		
당신 이름이 뭐예요?	한자	
	병음	
제 이름은 러러(lèle)입니다.	한자	
	병음	
오늘은 몇 월 며칠이에요?	한자	
	병음	
제 생일은 7월 14일입니다.	한자	
	병음	
선생님 안녕하세요!	한자	
	병음	
여러분 안녕하세요!	한자	
	병음	
괜찮아요.	한자	
	병음	
당신의 성은 무엇입니까?	한자	
	병음	
제 성은 刘(Liú)입니다.	한자	
	병음	
만나서 반갑습니다.	한자	
	병음	

5
나라 이름과 국적
차이나라이 LEVEL 1

복습하기
다음 인사말의 한어병음을 찾으세요.

老师好！	再见！
Lǎoshī hǎo！ | Dàjiā hǎo！	Zàijiàn！ | Xièxie！

不客气	朋友们好！
Duìbuqǐ. | Búkèqi.	Péngyoumen hǎo！ | Xuéshēngmen hǎo！

다음 인사말에 맞는 짝을 고르세요.

谢谢！	你好！
不客气。 | 对不起。	没关系。 | 您好！

大家好！	对不起。
老师好！ | 再见！	没关系。 | 不客气。

단어 배우기

나라 이름

韩国	Hánguó	한국
中国	Zhōngguó	중국
日本	Rìběn	일본
美国	Měiguó	미국
英国	Yīngguó	영국
德国	Déguó	독일
法国	Fǎguó	프랑스
意大利	Yìdàlì	이탈리아
北京	Běijīng	베이징
上海	Shànghǎi	상하이

단어 익히기

단어를 써 보면서 충분히 단어를 익히세요.

한국	韩国 Hánguó				
중국	中国 Zhōngguó				
일본	日本 Rìběn				
미국	美国 Měiguó				
영국	英国 Yīngguó				
독일	德国 Déguó				
프랑스	法国 Fǎguó				
이탈리아	意大利 Yìdàlì				
베이징	北京 Běijīng				
상하이	上海 Shànghǎi				

출력하기

다음 한자에 맞는 한어병음을 찾아 ○표 하세요.

日本	Rìběn / Rìbǎng	德国	Déguó / Téguō
美国	Méiguá / Měiguó	上海	Sànghài / Shànghǎi
法国	Fǎguó / Fágóu	中国	Zhōngguó / Jōngguó
北京	Běizīng / Běijīng	意大利	Yìdàlì / Yìtàlìà
韩国	Hǎngguó / Hánguó	英国	Wīngguá / Yīngguó

박스 안의 한자를 골라 제시된 단어를 완성시키세요.

意	韩	京	人	师	美
本	大	生	国	上	家
友	老	海	朋	日	法
北	中	利	英	德	学

❶ 미국-

❷ 한국-

❸ 베이징-

❹ 프랑스-

❺ 친구-

❻ 선생님-

❼ 독일-

❽ 중국인-

❾ 학생-

❿ 일본사람-

문장 만들기
'-입니다' 문장

❶ 긍정문 ('입니다' = 是 shì)

저는 한국인입니다.	저는	입니다	한국인
	我	是	韩国人
저는 중국인입니다.	저는	입니다	중국인
	我	是	中国人
그는 미국인입니다.	그는	입니다	미국인
	他	是	美国人

❷ 부정문 ('아닙니다' = 不是 bú shì)

저는 한국인이 아닙니다.	저는	아닙니다	한국인
	我	不是	韩国人
저는 중국인이 아닙니다.	저는	아닙니다	중국인
	我	不是	中国人
그는 독일인이 아닙니다.	그는	아닙니다	독일인
	他	不是	德国人

❸ 의문문 (문장 끝에 吗 ma)

당신은 한국인입니까?	당신은	입니-	한국인	까?
	你	是	韩国人	吗?
당신은 중국인입니까?	당신은	입니-	중국인	까?
	你	是	中国人	吗?
그녀는 프랑스인입니까?	그녀는	입니-	프랑스인	까?
	她	是	法国人	吗?

출력하기
문장에 맞게 한어병음을 채우세요

저는 프랑스인입니다.	Wǒ _____ Fǎguórén.
우리는 영국인입니다.	Wǒmen shì _____.
저는 선생님입니다.	____ shì _____.
저는 학생이 아닙니다.	Wǒ ____ ____ xuésheng.
그들은 독일인이 아닙니다.	_____ bú shì_____.
그는 제 친구가 아닙니다.	Tā ____ ____ wǒ de _____.
당신은 상해 사람입니까?	____ shì Shànghǎirén ____?
너는 이탈리아 학생이야?	Nǐ shì _____ _____ ____?
그녀는 중국인 선생님입니까?	____ shì _____ _____ ma?
네 친구 미국인 아니야?	Nǐ ___ péngyou ____ ____ Měiguórén ___?

출력하기
괄호에 알맞은 한자를 넣으세요.

나는 중국인이야.	我_____中国人。
우리는 이탈리아 사람입니다.	我们是_____。
저는 학생입니다.	____是_____。
저는 일본인이 아니에요.	我_____ _____日本人。
그들은 우리 선생님이 아닙니다.	_____不是_____ ____ _____。
저는 그의 친구가 아닙니다.	_____ _____ ____他的_____。
당신은 한국인입니까?	_____是_____吗?
너희 선생님은 중국인이야?	你们_____老师_____中国人_____?
너희들 영국 사람 아니야?	你们_____ _____英国人_____?
그녀는 내 독일친구야.	____是_____ _____ _____ _____ 。

57

출력하기
한국어는 중국어로, 중국어는 한국어로 쓰세요.

저는 프랑스인이 아닙니다.	
당신은 베이징 사람입니까?	
걔 일본인 아니야.	
그녀는 중국인 선생님입니다.	
네 중국 친구 상해 사람 아니야?	
我们是韩国人。	
我们的老师不是德国人。	
她们是我们的朋友。	
他不是意大利人吗？	
他是你的同学吗？	

6

你是哪国人?

차이나라이 LEVEL 1

복습하기
본인의 이름을 넣어 4과의 회화문을 완성하세요.

A : 이름이 뭐예요?

A :

B : 저는 (　　　　　) 라고 합니다.

B :

A : 만나서 반갑습니다.

A :

B : 선생님, 성이 어떻게 되세요?

B :

A : 제 성은 엄이에요, 이름은 엄나래입니다.

A :

B : 엄 선생님, 알게 되어 기쁩니다.

B :

오늘의 회화
국적 묻고 대답하기

 你是哪国人？

A： 你是哪国人？　　　　　　Nǐ shì nǎguórén?

B： 我是韩国人。　　　　　　Wǒ shì Hánguórén.
　　你是美国人吗？　　　　　Nǐ shì Měiguórén ma?

A： 不是，我是英国人。　　　Búshì, wǒ shì Yīnguórén.

B： 你的妻子也是英国人吗？　Nǐ de qīzi yě shì Yīnguórén ma?

A： 是，她也是英国人。　　　Shì, tā yě shì Yīnguórén.

B： 你们都是学生吗？　　　　Nǐmen dōu shì xuésheng ma?

A： 不是，我是英语老师，　　Búshì, wǒ shì Yīngyǔ lǎoshī,
　　她是汉语老师。　　　　　tā shì Hànyǔ lǎoshī.

A 당신은 어느 나라 사람입니까?

B 저는 한국인입니다. 당신은 미국인입니까?

A 아니요, 저는 영국인입니다.

B 당신의 아내도 영국인입니까?

A 네, 그녀도 영국인입니다.

B 당신들은 모두 학생입니까?

A 아니요, 저는 영어 선생님이고, 그녀는 중국어 선생님입니다.

단어 배우기

딱 10단어만 외워요!

是	shì	~이다, ~입니다.
不	bù	아니다 [부정]
吗	ma	[문장 끝에서 의문문을 만듦]
哪	nǎ	어느
妻子	qīzi	아내, 부인
丈夫	zhàngfu	남편
也	yě	~도, 역시, 또한
都	dōu	모두
汉语	Hànyǔ	중국어
同学	tóngxué	같은 반 친구

단어 익히기

단어를 써 보면서 충분히 단어를 익히세요.

~이다, ~입니다	是 shì				
아니다 [부정]	不 bù				
[문장끝 의문문]	吗 ma				
어느	哪 nǎ				
아내, 부인	妻子 qīzi				
남편	丈夫 zhàngfu				
~도, 역시	也 yě				
모두	都 dōu				
중국어	汉语 Hànyǔ				
같은 반 친구	同学 tóngxué				

출력하기

다음 단어의 한어병음을 찾아 보세요.

e	t	p	y	i	n	g	y	u	q
o	x	e	z	b	c	a	x	w	i
s	d	n	a	g	u	o	r	e	n
l	m	g	f	h	m	x	k	l	y
j	i	y	u	e	j	i	h	a	o
z	x	o	c	w	b	n	a	q	e
x	a	u	g	m	h	g	n	w	i
u	s	d	f	i	j	k	y	e	p
e	z	h	a	n	g	f	u	w	i
s	a	r	e	g	f	x	p	o	r
h	s	t	k	z	c	b	l	a	t
e	d	y	w	i	y	u	k	i	y
n	f	z	t	x	g	h	j	n	u
g	h	s	h	e	n	g	r	i	o

① 남편
② 어느 나라 사람
③ 몇 월 며칠
④ 이름
⑤ 생일
⑥ 기쁘다
⑦ 사랑해
⑧ 영어
⑨ 중국어
⑩ 학생

핵심 콕콕!
나라이쌤과 핵심구문을 배워요.

❶ 哪 (nǎ) — 어느 [의문사]

几月几号？	몇 월 며칠입니까?
你叫什么名字？	너 이름이 뭐야?
你是哪国人？	당신은 어느 나라 사람이에요?

❷ 也 (yě) — ~도, 또한, 역시

我也是法国人。	저도 프랑스인입니다.
他也不是学生。	그도 학생이 아니에요.
我也认识他。	저도 그를 알아요.
你丈夫也是老师吗？	당신 남편도 선생님이에요?

❸ 都 (dōu) — 모두 [주어가 복수]

你们都是上海人吗？	당신들은 모두 상해 사람이에요?
大家都很高兴。	모두가 기뻤다.
老师们都很好。	선생님들 모두 좋으시다.
我们都是同学。	우리는 모두 같은 반 친구예요.

출력하기
다음 문장을 중국어로 쓰세요.

저는 독일어 선생님입니다.	
당신은 이탈리아 사람입니까?	
그녀는 제 같은 반 친구입니다.	
그는 우리 선생님이 아닙니다.	
남편은 성이 리우(刘)입니까?	
제 아내는 쟈오민(赵敏)이라고 합니다.	
중국의 춘절도 1월 1일입니다.	
그들은 모두 당신을 모릅니다.	
제 남편은 저를 사랑합니다.	
그의 이름도 이성룡(李成龙)입니다.	

회화 완성
회화문을 한어병음으로 완성하세요.

A : 당신은 어느 나라 사람입니까?

A :

B : 저는 한국인입니다. 당신은 미국인입니까?

B :

A : 아니요, 저는 영국인입니다.

A :

B : 당신의 아내도 영국인입니까?

B :

A : 네, 그녀도 영국인입니다.

A :

B : 당신들은 모두 학생입니까?

B :

A : 아니요, 저는 영어 선생님이고, 그녀는 중국어 선생님입니다.

A :

회화 완성
회화문을 중국어로 완성하세요.

A : 당신은 어느 나라 사람입니까?

A : 你是_____？

B : 저는 한국인입니다. 당신은 미국인입니까?

B : 我是_____。你是_____吗？

A : 아니요, 저는 영국인입니다.

A : _____, 我是_____。

B : 당신의 아내도 영국인입니까?

B : _____也是_____吗？

A : 네, 그녀도 영국인입니다.

A : 是，_____英国人。

B : 당신들은 모두 학생입니까?

B : _____是学生吗？

A : 아니요, 저는 영어 선생님이고, 그녀는 중국어 선생님입니다.

A : 不是，我是_____，她是_____。

7
가족 호칭
차이나라이 LEVEL 1

복습하기
다음 문장을 중국어로 쓰세요.

여러분 고맙습니다.	200
657	죄송해요, 선생님
(우리 반) 친구들아, 안녕!	저는 한국인입니다.
너 중국인이야?	쟤네 프랑스 사람 아니야.
당신의 학생들은 미국인입니까?	걔 북경 사람 아니야?
그녀도 일본인입니다.	우리는 모두 친구입니다.

단어 배우기
가족 호칭

妈妈	māma	엄마
爸爸	bàba	아빠
奶奶	nǎinai	할머니
爷爷	yéye	할아버지
姐姐	jiějie	언니, 누나
哥哥	gēge	오빠, 형
妹妹	mèimei	여동생
弟弟	dìdi	남동생
女儿	nǚ'ér	딸
儿子	érzi	아들

단어익히기
단어를 써 보면서
충분히 단어를 익히세요.

엄마	妈妈 māma				
아빠	爸爸 bàba				
할머니	奶奶 nǎinai				
할아버지	爷爷 yéye				
언니/누나	姐姐 jiějie				
오빠/형	哥哥 gēge				
여동생	妹妹 mèimei				
남동생	弟弟 dìdi				
딸	女儿 nǚ'ér				
아들	儿子 érzi				

출력하기
한어병음과 한국어 뜻을 연결하세요.

māma	
엄마	아빠

nǎinai	
여동생	할머니

nǚ'ér	
아들	딸

gēge	
남동생	오빠/형

mèimei	
여동생	남동생

érzi	
아들	아빠

dìdi	
아빠	남동생

yéye	
할아버지	할머니

bàba	
오빠/형	아빠

jiějie	
언니/누나	딸

출력하기

한국어 뜻과 한어병음, 한자를 연결하세요.

할머니 •	• māma •	• 妹妹
오빠/형 •	• gēge •	• 妈妈
딸 •	• nǎinai •	• 哥哥
여동생 •	• mèimei •	• 奶奶
엄마 •	• nǚ'ér •	• 爷爷
아빠 •	• yéye •	• 女儿
할아버지 •	• bàba •	• 儿子
남동생 •	• jiějie •	• 弟弟
아들 •	• érzi •	• 爸爸
언니, 누나 •	• dìdi •	• 姐姐

출력하기

소리 내어 중국어로 말해 보세요.

爸爸	哥哥	엄마	妹妹
弟弟	할아버지	儿子	女儿
여동생	妈妈	아빠	姐姐
아들	奶奶	딸	爷爷

위의 단어를 한어병음으로 써 보세요.

문장 만들기
'있습니다(소유)' 문장

❶ 긍정문 ('있습니다' = 有 yǒu)

저는 오빠(형)가 있습니다.	저는	있습니다.	오빠(형)
	我	有	哥哥
저는 언니(누나)가 있습니다.	저는	있습니다.	언니(누나)
	我	有	姐姐

❷ 부정문 ('없습니다' 没有 méi yǒu)

저는 오빠(형)가 없습니다.	저는	없습니다.	오빠(형)
	我	没有	哥哥
저는 딸이 없습니다.	저는	없습니다.	딸
	我	没有	女儿

❸ 의문문 (문장 끝에 吗 ma)

당신은 오빠(형)가 있습니까?	당신은	있습니-	오빠(형)	까?
	你	有	哥哥	吗?
그는 아들이 있습니까?	그는	있습니-	아들	까?
	他	有	儿子	吗?

❹ 정반의문문 (긍정형+부정형)

당신은 오빠(형)가 있습니까 / 없습니까?	당신은	있습니까	없습니까	오빠(형)
	你	有	没有	哥哥?
그는 아들이 있습니까 / 없습니까?	그는	있습니까	없습니까	아들
	他	有	没有	儿子?

출력하기
주어진 한어병음을 어순에 맞게 배열하세요.

❶ mèimei / yǒu / wǒ

❷ yǒu / érzi / tā

❸ gēge / méi / yǒu / wǒ

❹ yǒu / lǎoshī / nǚ'ér / yě / méi / wǒmen

❺ nǐ / ma / nǎinai / yǒu

❻ nǚpéngyou / nǐ / yǒu / ma (* 女朋友 nǚpéngyou 여자친구)

❼ Měiguó / wǒ / méi / jiějie / de / péngyou / yǒu

❽ méi / yǒu / nǐmen / yǒu / nánpéngyou
　(* 男朋友 nánpéngyou 남자친구)

❾ búshì / Hánguórén / nǐ / shì?

❿ nǐ / shì / tā / shì / bu / de / nǚpéngyou?
　(* 是不是는 추측의 의미를 갖고 확정지으려는 뉘앙스가 있다.)

출력하기
다음 문장을 중국어로 쓰세요.

그는 저희 아빠입니다.	
그도 제 남동생이 아니에요.	
제 아들은 여자친구가 없어요.	
저희 엄마는 오빠가 있어요.	
여러분은 모두 독일 친구가 있습니까?	
당신은 할아버지가 안 계신가요?	
너 남자친구 있어 없어?	
쟤도 네 여동생이야?	
당신의 아내는 중국어 선생님이시죠?	
너 남자친구 이탈리아 사람이지?	

8

你家有几口人?

차이나라이 LEVEL 1

복습하기

6과의 회화문을 중국어로 완성하세요.

A : 당신은 어느 나라 사람입니까?

A :

B : 저는 한국인입니다. 당신은 미국인입니까?

B :

A : 아니요, 저는 영국인입니다.

A :

B : 당신의 아내도 영국인입니까?

B :

A : 네, 그녀도 영국인입니다.

A :

B : 당신들은 모두 학생입니까?

B :

A : 아니요, 저는 영어 선생님이고, 그녀는 중국어 선생님입니다.

A :

오늘의 회화

가족
묻고 대답하기

 你家有几口人？

A : 他是谁？　　　　　　　　　Tā shì shéi?

B : 他是我爸爸。　　　　　　　Tā shì wǒ bàba.

A : 你有弟弟吗？　　　　　　　Nǐ yǒu dìdi ma?

B : 我没有弟弟，我有妹妹。　　Wǒ méiyǒu dìdi, wǒ yǒu mèimei.

A : 你家有几口人？　　　　　　Nǐ jiā yǒu jǐ kǒu rén?

B : 我家有五口人。　　　　　　Wǒ jiā yǒu wǔ kǒu rén.

A : 都有什么人？　　　　　　　Dōu yǒu shénme rén?

B : 姥爷，爸爸，妈妈，妹妹和我。　Lǎoyé, bàba, māma, mèimei hé wǒ.

A 그는 누구입니까?

B 그는 저의 아빠입니다.

A 당신은 남동생이 있습니까?

B 저는 남동생이 없고, 여동생이 있습니다.

A 당신 집에는 몇 식구가 있습니까?

B 우리 집에는 다섯 식구가 있습니다.

A 모두 어떤 사람이 있습니까? (누구누구 있어요?)

B 외할아버지, 아빠, 엄마, 여동생과 저입니다.

단어 배우기

딱 10단어만 외워요!

谁	shéi	누구
有	yǒu	있다
没有	méiyǒu	없다
家	jiā	집
口	kǒu	[식구를 세는 단위]
和	hé	~와
姥姥	lǎolao	외할머니
姥爷	lǎoyé	외할아버지
女的	nǚde	여자
男的	nánde	남자

단어 익히기

단어를 써 보면서 충분히 단어를 익히세요.

누구, 누가	谁 shéi				
있다	有 yǒu				
없다	没有 méiyǒu				
집	家 jiā				
[식구를 세는 단위]	口 kǒu				
~와	和 hé				
외할머니	姥姥 lǎolao				
외할아버지	姥爷 lǎoyé				
여자	女的 nǚde				
남자	男的 nánde				

출력하기

다음 한자에 맞는 한어병음을 찾아 ○표 하세요.

女的	nǔde / nǔde	谁	shěi / shéi
和	hē / hé	有	yáu / yǒu
姥姥	lǎolao / nǎinai	男的	nánde / nānde
口	kǒu / gǒu	家	jiǒu / jiā
没有	méi yǒu / měi yǒu	姥爷	lǎoyé / lǎobà

박스 안의 한자를 골라 다음의 뜻에 맞게 완성시키세요.

没	都	妻	百	零	有
叫	人	谁	女	男	家
和	名	高	的	识	丈
认	同	兴	语	夫	子

❶ 없다
❷ 기쁘다
❸ 아내
❹ 식구, 가족
❺ 남편
❻ 누구
❼ 남자
❽ 모두
❾ 알다
❿ 여자

핵심 콕콕!
나라이쌤과 핵심구문을 배워요.

❶ 谁 (shéi)   누구, 누가 [의문사]

你是谁？	당신은 누구입니까?
谁是德国人？	누가 독일 사람입니까?
圣诞节是谁的生日？	성탄절을 누구의 생일이지?

❷ 有 (yǒu) / 没有 (méiyǒu)   있다 / 없다

我有汉语老师。	저는 중국어 선생님이 있어요.
我有姓王的朋友。	나는 왕씨 성을 가진 친구가 있어.
姐姐也没有男朋友。	언니도 남자친구가 없어요.

❸ 和 (hé)   ~와 [A 和 B]

我和妹妹是英国人。	저와 여동생은 영국인입니다.
我家有姥爷和姥姥。	우리 집에는 외할아버지와 외할머니가 계세요.
美国人和英国人都是西方人。	미국인과 영국인은 모두 서양인이다.

❹ 口 (kǒu)   [식구를 세는 단위]

숫자	단위	명사
三	口	人
세	식구	사람

출력하기
중국어 문장의 한어병음을 채우세요.

❶ 你是谁?

Nǐ ___ ____?

❷ 谁是你的老师?

S___ shì nǐ __ l__s__?

❸ 他们都是中国学生。

Tāmen ___ shì _____ x__s____.

❹ 他们都不是女人。

T____ ___ __ shì _____.

❺ 谁姓王?

____ x___ Wáng?

❻ 我家人都很高兴。

Wǒ ___r__ d__ ___ _____ng.

❼ 我朋友家有四口人。

__ ____ you ___ yǒu _____.

❽ 她是不是你的姥姥?

__ shì_____ __ de _____?

❾ 今天没有汉语课。 (*课 kè 수업)

J_____ m__y__ _____kè.

❿ 我有儿子和女儿。

Wǒ ___ é___ h__ __'__.

회화 완성

회화문을 한어병음으로 완성하세요.

A : 그는 누구입니까?

A :

B : 그는 저의 아빠입니다.

B :

A : 당신은 남동생이 있습니까?

A :

B : 저는 남동생이 없고, 여동생이 있습니다.

B :

A : 당신 집에는 몇 식구가 있습니까?

A :

B : 우리 집에는 다섯 식구가 있습니다.

B :

A : 모두 어떤 사람이 있습니까? (누구누구 있어요?)

A :

B : 외할아버지, 아빠, 엄마, 여동생과 저입니다.

B :

회화 완성
회화문을 중국어로 완성하세요.

A : 그는 누구입니까?

A : _____ ?

B : 그는 저의 아빠입니다.

B : _____我爸爸。

A : 당신은 남동생이 있습니까?

A : _____弟弟吗？

B : 저는 남동생이 없고, 여동생이 있습니다.

B : _____弟弟，我有_____。

A : 당신 집에는 몇 식구가 있습니까?

A : 你家有_____?

B : 우리 집에는 다섯 식구가 있습니다.

B : 我家有_____。

A : 모두 어떤 사람이 있습니까? (누구누구 있어요?)

A : _____什么人？

B : 외할아버지, 아빠, 엄마, 여동생과 저입니다.

B : _____，爸爸，_____，妹妹_____我。

중간 점검

5~8과에서 배운 단어의 한자, 한어병음, 뜻을 쓰세요.

韩国	中国	是	英国
谁	弟弟	哪	女儿
哥哥	家	丈夫	妹妹
美国	日本	姥姥	儿子
口	没有	不	吗
아빠	프랑스	독일	모두
엄마	같은 반 친구	있다	~와
할아버지	베이징	상하이	외할아버지
~도, 역시, 또	중국어	이탈리아	남자
언니, 누나	아내, 부인	할머니	여자

중간 점검
주어진 문장에 맞는
한자와 한어병음을 쓰세요.

문장		
당신은 어느 나라 사람이에요?	한자	
	병음	
저는 한국인입니다.	한자	
	병음	
그녀는 일본인이 아니야.	한자	
	병음	
당신은 학생이세요?	한자	
	병음	
당신은 누구세요?	한자	
	병음	
저는 언니/누나가 있어요.	한자	
	병음	
저는 중국 친구가 없어요.	한자	
	병음	
너 여자친구 있어?	한자	
	병음	
당신은 몇 식구가 있어요?	한자	
	한어	
우리는 네 식구예요.	한자	
	병음	

9
먹고 마시는 것
차이나라이 LEVEL 1

복습하기
다음 문장을 중국어로 쓰세요.

저는 중국 친구가 있어요.	제 친구는 남동생이 있어요.
그들은 딸이 없습니다.	저희 아빠는 여동생이 없습니다
당신은 아들이 있나요?	당신의 딸은 남자친구가 있나요?
저희 엄마는 북경 사람입니다.	그의 할머니도 영국 사람입니다.
그들은 누구입니까?	그들은 모두 저의 가족입니다.

단어 배우기

먹고 마시는 것

饭	fàn	밥
水果	shuǐguǒ	과일
苹果	píngguǒ	사과
面条	miàntiáo	국수
面包	miànbāo	빵
水	shuǐ	물
茶	chá	차
可乐	kělè	콜라
咖啡	kāfēi	커피
牛奶	niúnǎi	우유

단어 익히기
단어를 써 보면서 충분히 단어를 익히세요.

밥	饭 fàn				
과일	水果 shuǐguǒ				
사과	苹果 píngguǒ				
국수	面条 miàntiáo				
빵	面包 miànbāo				
물	水 shuǐ				
차	茶 chá				
콜라	可乐 kělè				
커피	咖啡 kāfēi				
우유	牛奶 niúnǎi				

출력하기
한국어 뜻에 맞는 짝을 고르세요.

커피			차	
fàn	kāfēi		chá	shuǐ

국수			사과	
miàntiáo	miànbāo		shuǐguǒ	píngguǒ

콜라			과일	
niúnǎi	kělè		Hánguó	shuǐguǒ

우유			물	
奶奶	牛奶		水	茶

빵			밥	
面包	面条		饭	可乐

출력하기

박스 안의 한자를 골라 단어를 완성하세요.

面 ( ) – 빵		
啡	苹	包

( ) 果 – 과일		
水	茶	可

( ) 奶 – 우유		
法	牛	可

( ) 条 – 국수		
儿	哥	面

可 ( ) – 콜라		
乐	国	咖

( ) 果 – 사과		
朋	德	苹

咖 ( ) – 커피		
面	茶	啡

문장 만들기
'먹다/마시다' 문장

❶ 긍정문 ('먹다' = 吃 chī / '마시다' = 喝 hē)

나는 빵을 먹습니다.	나는	먹습니다	빵을
	我	吃	面包
그는 물을 마십니다.	그는	마십니다	물을
	他	喝	水

❷ 부정문

1. 동사 앞에 不 bù (현재와 미래 부정)

나는 빵을 안 먹습니다.	나는	안	먹습니다	빵을
	我	不	吃	面包
그는 물을 안 마십니다.	그는	안	마십니다	물을
	他	不	喝	水

2. 동사 앞에 没 méi (과거 부정 = 동작 발생 안 했음)

나는 빵을 안 먹었습니다.	나는	안	먹었습니다	빵을
	我	没	吃	面包
그는 물을 안 마셨습니다.	그는	안	마셨습니다	물을
	他	没	喝	水

❸ 의문문

1. 문장 끝에 吗

당신은 빵을 먹습니까?	당신은	먹습니-	빵을	까?
	你	吃	面包	吗?

2. 정반의문문 (긍정형+부정형)

그는 물을 마셔요 안 마셔요?	그는	마셔요	안 마셔요	물을	?
	他	喝	不喝	水	

출력하기
괄호를 채우고 한어병음을 쓰세요.

❶ 나는 (　　　)을/를 먹는다.

我	吃	面条。

❷ 내 (　　　)은/는 (　　)을 안 먹는다.

我	妹妹	不	吃	饭。

❸ (　　　)은/는 콜라를 안 (　　　)?

哥哥	不	喝	可乐	吗？

❹ 나 (　　　)을/를 안 먹었어.

我	没	吃	水果。

❺ 우리 언니의 (　　　)은/는 (　　　)을/를 안 마신다.

我	姐姐	的	儿子	不	喝	牛奶。

❻ 선생님들은 (　　) 커피를 (　　　).

老师们	都	喝	咖啡。

❼ 너희 (　　　)은/는 다 (　　　)을/를 안 먹니?

你	家人	都	不	吃	面包	吗？

출력하기

다음 문장을 중국어로 쓰세요.

❶ 나 밥 먹어.

❷ 중국인은 차를 마신다.

❸ 우리 남편은 사과를 안 먹어.

❹ 네 아들은 국수 먹어 안 먹어?

❺ 우리 딸도 과일을 안 먹어.

❻ 너 물 있어?

❼ 너 뭐 먹어?

❽ 우리 다 밥 안 먹었어요.

❾ 너 사과 안 먹었어?

❿ 그녀도 우유를 안 마셨습니다.

10
你想吃什么?
차이나라이 LEVEL 1

복습하기
8과의 회화문을 중국어로 완성하세요.

A : 그는 누구입니까?

A :

B : 그는 저의 아빠입니다.

B :

A : 당신은 남동생이 있습니까?

A :

B : 저는 남동생이 없고, 여동생이 있습니다.

B :

A : 당신 집에는 몇 식구가 있습니까?

A :

B : 우리 집에는 다섯 식구가 있습니다.

B :

A : 모두 어떤 사람이 있습니까? (누구누구 있어요?)

A :

B : 외할아버지, 아빠, 엄마, 여동생과 저입니다.

B :

오늘의 회화

먹고 싶은 것
묻고 대답하기

 你想吃什么？

A : 你吃什么？　　　　　　　　Nǐ chī shénme?

B : 我吃披萨, 你也想吃吗？　　Wǒ chī pīsà,
　　　　　　　　　　　　　　　Nǐ yě xiǎng chī ma?

A : 不想吃, 你吃吧！　　　　　Bù xiǎng chī, nǐ chī ba!

B : 你想吃什么？　　　　　　　Nǐ xiǎng chī shénme?

A : 我想吃水果, 他们有西瓜吗？　Wǒ xiǎng chī shuǐguǒ,
　　　　　　　　　　　　　　　tāmen yǒu xīguā ma?

B : 我也不知道。你不吃饭吗？　Wǒ yě bù zhīdào. Nǐ bù chī fàn ma?

A : 我现在不饿。我想喝咖啡。　Wǒ xiànzài bú è. Wǒ xiǎng hē kāfēi.

B : 我很饱。　　　　　　　　　Wǒ hěn bǎo.

A 너 뭐 먹어?

B 나 피자 먹어. 너도 먹고 싶어?

A 먹고 싶지 않아, 너 먹어.

B 너 뭐 먹고 싶은데?

A 난 과일 먹고 싶다, 그들은 수박 있나? (저 집 수박 있나?)

B 나도 모르지. 너 밥 안 먹어?

A 나 지금 배가 안 고파. 커피 마시고 싶다.

B 나는 배불러.

단어 배우기

딱 10단어만 외워요!

吃	chī	먹다
披萨	pīsà	피자
想	xiǎng	~하고 싶다
吧	ba	~해라/~하자
西瓜	xīguā	수박
知道	zhīdào	(지식이나 정보를) 알다
现在	xiànzài	현재, 지금
饿	è	배고프다
喝	hē	마시다
饱	bǎo	배부르다

단어 익히기
단어를 써 보면서 충분히 단어를 익히세요.

먹다	吃 chī				
피자	披萨 pīsà				
~하고 싶다	想 xiǎng				
~해라/ ~하자	吧 ba				
수박	西瓜 xīguā				
알다	知道 zhīdào				
현재, 지금	现在 xiànzài				
배고프다	饿 è				
마시다	喝 hē				
배부르다	饱 bǎo				

출력하기
한자와 한어병음을 연결하세요.

水果	
xīguā	shuǐguǒ

现在	
xiànzài	xuésheng

想	
xiǎng	yǒu

披萨	
pīsà	Shèngdànjié

饱	
è	bǎo

喝	
chī	hē

吧	
bù	ba

饿	
chá	è

西瓜	
qīzi	xīguā

知道	
zhīdào	gāoxìng

핵심 콕콕!
나라이쌤과 핵심구문을 배워요.

❶ 想　　　　　　　　　　　　　~하고 싶다 [동사 앞에 놓임]

我想吃披萨。	저는 피자 먹고 싶어요.
我想去中国。(* 去 qù 가다)	나는 중국에 가고 싶어.
你想说什么？(* 说 shuō 말하다)	너는 무슨 말이 하고 싶어?
你们想喝什么？	너희 뭐 마시고 싶니?

❷ 现在　　　　　　　　　　　　현재, 지금

爷爷现在吃饭。	할아버지는 지금 식사하십니다.
妈妈现在不在。	엄마는 지금 안 계세요.
我现在没有钱。	나 지금 돈 없어.
我哥哥现在不是学生。	우리 오빠는 현재 학생이 아니에요.

❸ 吧

① ~해라 [명령문]	你吃吧！	너 먹어!
	你去吧！	너 가!
	你说吧！	너 말해 봐!
② ~하자 [권유문]	我们吃中国菜吧！(* 菜 cài 요리)	우리 중국 요리 먹자!
	我们去北京吧！	우리 베이징 가자!
	我们说汉语吧！	우리 중국어로 말하자!

출력하기

주어진 한어병음을 어순에 맞게 배열하세요.

❶ shénme / xiǎng / nǐ / chī / ?

❷ xiǎng / wǒ / pīsà / chī / .

❸ qīzi / hē / xiànzài / shénme / ?

❹ hěn / xiànzài / bǎo / wǒ / .

❺ xīguā / shéi / chī / xiǎng / ?

❻ de / bù / wǒ / tā / shēngrì / zhīdào / .

❼ ba / zǒu / wǒmen / !

❽ tāmen / bù / dōu / xiǎng / chī / .

❾ wǒ / xīguā / méi / chī / jīntiān / .

❿ fàn / wǒmen / qù / chī / ba / xiànzài / .

회화 완성

회화문을 한어병음으로 완성하세요.

A : 너 뭐 먹어?

A :

B : 나 피자 먹어. 너 먹고 싶어?

B :

A : 먹고 싶지 않아. 너 먹어.

A :

B : 너 뭐 먹고 싶은데?

B :

A : 난 과일 먹고 싶다. 그들은 수박 있나? (저 집 수박 있나?)

A :

B : 나도 모르지. 너 밥 안 먹어?

B :

A : 나 지금 배가 안 고파. 커피 마시고 싶다.

A :

B : 나는 배불러.

B :

회화 완성

회화문을 중국어로 완성하세요.

A : 너 뭐 먹어?

A : 你吃_____?

B : 나 피자 먹어. 너 먹고 싶어?

B : 我吃_____。你_____?

A : 먹고 싶지 않아. 너 먹어.

A : _____, 你吃_____ !

B : 너 뭐 먹고 싶은데?

B : 你_____?

A : 난 과일 먹고 싶다. 그들은 수박 있나? (저 집 수박 있나?)

A : 我想吃_____, 他们_____吗?

B : 나도 모르지. 너 밥 안 먹어?

B : _____。你不_____吗?

A : 나 지금 배가 안 고파. 커피 마시고 싶다.

A : 我_____ , _____。

B : 나는 배불러.

B : _____。

11
장소
차이나라이 LEVEL 1

복습하기

다음 단어들을 성조에 따라 분류하세요.

乐	妻	可	面	水	咖
苹	关	女	奶	条	大
都	没	人	喝	牛	有
谢	茶	饭	不	包	果
国	吃	对	男	弟	也

1성

2성

3성

4성

단어 배우기
장소

学校	xuéxiào	학교
公司	gōngsī	회사
图书馆	túshūguǎn	도서관
饭馆	fànguǎn	식당
商店	shāngdiàn	상점
医院	yīyuàn	병원
电影院	diànyǐngyuàn	영화관
宿舍	sùshè	기숙사
咖啡店	kāfēidiàn	커피숍
银行	yínháng	은행

단어 익히기
단어를 써 보면서 충분히 단어를 익히세요.

학교	学校 xuéxiào				
회사	公司 gōngsī				
도서관	图书馆 túshūguǎn				
식당	饭馆 fànguǎn				
상점	商店 shāngdiàn				
병원	医院 yīyuàn				
영화관	电影院 diànyǐngyuàn				
기숙사	宿舍 sùshè				
커피숍	咖啡店 kāfēidiàn				
은행	银行 yínháng				

출력하기

주어진 한어병음에 맞는 뜻을 고르세요.

sùshè	
학교	기숙사

yínháng	
은행	영화관

shāngdiàn	
병원	상점

fànguǎn	
식당	회사

xuéxiào	
학교	도서관

kāfēidiàn	
커피숍	학교

gōngsī	
상점	회사

túshūguǎn	
도서관	기숙사

yīyuàn	
병원	식당

diànyǐngyuàn	
은행	영화관

출력하기

다음 병음이 들어간 한자를 찾으세요.

sh	茶	商店
t	图书馆	知道
s	公司	西瓜
d	北京	电影院
u	宿舍	现在
y	医院	儿子
x	学校	法国
f	饭馆	爸爸
h	银行	学校
i	男朋友	咖啡店

문장 만들기
'가다/오다' 문장

❶ 긍정문 ('가다' = 去 qù / '오다' = 来 lái)

나는 학교에 갑니다.	나는	갑니다	학교에
	我	去	学校
그는 병원에 옵니다.	그는	옵니다	병원에
	他	来	医院

❷ 부정문

1. 不 bù

나는 학교에 안 갑니다.	나는	안	갑니다	학교에
	我	不	去	学校

2. 没 méi

그는 병원에 안 왔습니다.	그는	안	왔습니다	병원에
	他	没	来	医院

❸ 연동문

- 시간적 순서에 따라 발생한 동작순으로 연이어 말한다.
- 첫번째 동사는 보통 来, 去이다.
- 두번째 동사는 첫번째 동사를 거쳐 행한 목적이다.

우리는 식당에 가서 밥을 먹어요. (밥 먹으러 식당에 가요.)

우리는	간다	식당에	먹는다	밥을
我们	去	饭馆	吃	饭。

그는 커피숍에 와서 차를 마신다. (차를 마시러 커피숍에 온다.)

그는	온다	커피숍에	마신다	차를
他	来	咖啡店	喝	茶。

출력하기

다음 문장을
한어병음으로 쓰세요.

❶ 나는 학교에 간다.

❷ 그녀는 미국에 갑니다.

❸ 내 친구가 한국에 온다.

❹ 언니는 할머니 댁(집)에 간다.

❺ 내 아들은 일본에 안 갔어.

❻ 남자는 은행에 안 갔어요.

❼ 너 영화관 갈 거야 안 갈 거야?

❽ 우리는 다 도서관에 안 가.

❾ 나는 중국식당 가서 국수 먹어.

❿ 그녀는 우리 식당에 와서 밥을 먹지 않아요.

출력하기
다음 문장을 중국어로 쓰세요.

❶ 엄마는 상점에 가십니다.

❷ 선생님들께서 기숙사에 오십니다.

❸ 너 올 거야 안 올 거야?

❹ 너네 오빠 병원 가?

❺ 나 집에 간다. (* 回家 huíjiā 집에 가다)

❻ 나는 커피숍에 가서 우유 마실게.

❼ 저는 회사 가서 차 마셔요.

❽ 친구들은 우리 집에 와서 과일을 먹어요.

❾ 제 영국 친구도 일본식당가서 국수를 먹어요.

❿ 우리 쟤네 집에 가서 밥 먹자!

12
你去哪儿?
차이나라이 LEVEL 1

복습하기

10과의 회화문을 중국어로 완성하세요.

A : 너 뭐 먹어?

A :

B : 나 피자 먹어. 너 먹고 싶어?

B :

A : 먹고 싶지 않아. 너 먹어.

A :

B : 너 뭐 먹고 싶은데?

B :

A : 난 과일 먹고 싶다. 쟤네 수박 있나? (저 집 수박 있나?)

A :

B : 나도 모르지. 너 밥 안 먹어?

B :

A : 나 지금 배가 안 고파. 커피 마시고 싶다.

A :

B : 나는 배불러.

B :

오늘의 회화

어디에 가는지 묻고 대답하기

▶ 你去哪儿？

A : 你去哪儿？　　　　　　　　Nǐ qù nǎr?

B : 我去补习班。　　　　　　　Wǒ qù bǔxíbān.

A : 你去补习班学什么？　　　　Nǐ qù bǔxíbān xué shénme?

B : 学英语。　　　　　　　　　Xué Yīngyǔ.

A : 你会说英语吗？　　　　　　Nǐ huì shuō Yīngyǔ ma?

B : 一点点。　　　　　　　　　Yì diǎn diǎn.

A : 你会说汉语，也会说英语，你很厉害！　Nǐ huì shuō Hànyǔ, yě huì shuō Yīngyǔ, nǐ hěn lìhai.

B : 你也来我们补习班吧！　　　Nǐ yě lái wǒmen bǔxíbān ba!

A 너 어디가?

B 나 학원에 가.

A 너 학원 가서 뭐 배워?

B 영어를 배워.

A 영어 할 수 있어?

B 조금.

A 너는 중국어도 할 줄 알고, 영어도 할 줄 아네. 대단하다!

B 너도 우리 학원 와!

단어 배우기

딱 10단어만 외워요!

去	qù	가다
哪儿（哪里）	nǎr (nǎli)	어디
补习班	bǔxíbān	학원
学	xué	배우다
英语	Yīngyǔ	영어
会	huì	~할 수 있다
说	shuō	말하다
一点点	yì diǎn diǎn	조금, 약간
厉害	lìhai	대단하다
来	lái	오다

단어 익히기

단어를 써 보면서
충분히 단어를 익히세요.

가다	去 qù				
어디	哪儿 nǎr				
학원	补习班 bǔxíbān				
배우다	学 xué				
영어	英语 Yīngyǔ				
~할 수 있다	会 huì				
말하다	说 shuō				
조금, 약간	一点点 yì diǎn diǎn				
대단하다	厉害 lìhai				
오다	来 lái				

출력하기
다음의 병음이 들어간 한자를 쓰세요.

学	叫	英	点	茶	来
谁	吃	奶	去	补	想
家	生	会	语	和	天
现	班	几	妻	面	有
很	饱	七	在	说	春

y _____   q _____

sh _____   b _____

ch _____   j _____

x _____   ian _____

h _____   ai _____

핵심 콕콕! 나라이쌤과 핵심구문을 배워요.

❶ 哪儿 — 어디

你去哪儿？	너 어디가?
你在哪儿？ (* 在 zài ~에 있다)	너 어디 있어?
医院在哪儿？	병원은 어디에 있어요?

❷ 会 — ~할 줄 안다, ~할 수 있다.

我会说汉语。	저는 중국어 할 줄 알아요.
我不会说英语。	저는 영어 못 해요.
我会说一点点。	저는 조금 (말)할 수 있어요.

❸ 学 — 배우다

我学汉语。	저는 중국어를 배워요.
我想学韩语。	나는 한국어 배우고 싶어.
他不学习。	쟤는 공부 안 해.

❹ 去 / 来 — 가다 / 오다

姐姐去中国喝茶。	누나는 중국에 차 마시러 가요.
我朋友来韩国说韩语。	내 친구는 한국에 와서 한국어로 말한다.

출력하기

다음 문장을 중국어로 쓰세요.

나는 중국 요리 먹고 싶다.	
나 미국 가기 싫어.	
너 영어 배우고 싶어?	
당신은 무엇을 말하고 싶습니까?	
아빠는 식당에 가서 식사하신다.	
그는 우리 회사에 안 왔습니다.	
그들은 어디 가요?	
네가 가라.	
당신 남편은 한국어 할 줄 알아요?	
우리 엄마는 대단하다.	

회화 완성

회화문을 한어병음으로 완성하세요.

A : 너 어디가?

A :

B : 나 학원에 가.

B :

A : 너 학원 가서 뭐 배워?

A :

B : 영어를 배워.

B :

A : 너 영어 할 수 있어?

A :

B : 조금.

B :

A : 너 중국어도 할 줄 알고, 영어도 할 줄 아네. 대단하다!

A :

B : 너도 우리 학원 와라!

B :

회화 완성
회화문을 중국어로 완성하세요.

A : 너 어디가?

A : 你_____？

B : 나 학원에 가.

B : 我去_____。

A : 너 학원 가서 뭐 배워?

A : 你去_____学_____？

B : 영어를 배워.

B : _____。

A : 너 영어 할 수 있어?

A : 你_____吗？

B : 조금.

B : _____。

A : 너 중국어도 할 줄 알고, 영어도 할 줄 아네. 대단하다!

A : 你会_____，也会_____，你很_____！

B : 너도 우리 학원 와라!

B : 你_____我们_____！

중간 점검

9~12과에서 배운 단어의 한자, 한어병음, 뜻을 쓰세요.

饭	学	学校	哪儿
水果	苹果	公司	现在
知道	补习班	图书馆	喝
饿	饱	饭馆	去
面包	英语	商店	面条
기숙사	피자	병원	커피
차	말하다	영화관	~할 수 있다
~하고 싶다	오다	물	콜라
대단하다	조금, 약간	학원	먹다
우유	~해라/~하자	은행	수박

중간 점검

주어진 문장에 맞는 한자와 한어병음을 쓰세요.

너 뭐 먹고 싶어?	한자	
	병음	
너 피자 먹고 싶니?	한자	
	병음	
나 국수 먹고 싶어.	한자	
	병음	
쟤는 커피 안 마셔.	한자	
	병음	
당신 어디 가세요?	한자	
	병음	
저는 병원에 갑니다.	한자	
	병음	
너 중국어 할 줄 알아?	한자	
	병음	
저는 영어 못 해요.	한자	
	병음	
우리 아빠는 일어를 배워요.	한자	
	한어	
나 몰라.	한자	
	병음	

13
교통수단
차이나라이 LEVEL 1

복습하기
색깔 친 박스에 공통으로 들어갈 한자를 쓰세요.

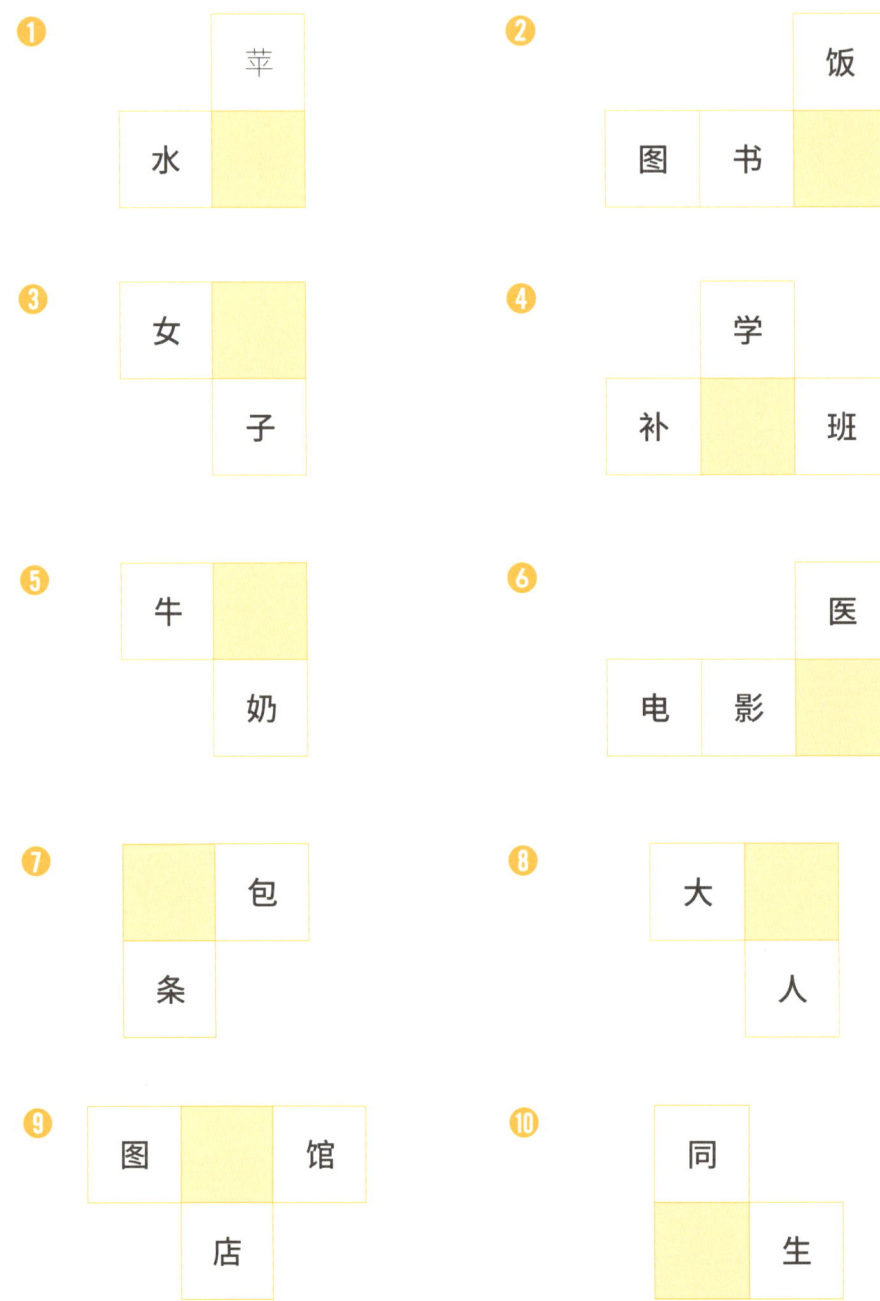

단어 배우기

교통수단과 관련 동사

飞机	fēijī	비행기
出租车	chūzūchē	택시
公共汽车	gōnggòngqìchē	버스
地铁	dìtiě	지하철
火车	huǒchē	기차
自行车	zìxíngchē	자전거
上课	shàngkè	수업하다
上班	shàngbān	출근하다
旅游	lǚyóu	여행하다
玩儿	wánr	놀다

단어 익히기

단어를 써 보면서 충분히 단어를 익히세요.

비행기	飞机 fēijī				
택시	出租车 chūzūchē				
버스	公共汽车 gōnggòng qìchē				
지하철	地铁 dìtiě				
기차	火车 huǒchē				
자전거	自行车 zìxíngchē				
수업하다	上课 shàngkè				
출근하다	上班 shàngbān				
여행하다	旅游 lǚyóu				
놀다	玩儿 wánr				

출력하기
다음 한어병음의 뜻을 말해 보세요.

lǚyóu	huǒchē	dìtiě	shàngkè
chūzūchē	shàngbān	wánr	fēijī
shàngkè	zìxíngchē	huǒchē	gōnggòng qìchē
shàngbān	fēijī	lǚyóu	dìtiě

위의 단어를 중국어로 써 보세요.

출력하기
세 단어의 공통된 병음을 쓰세요.

咖啡	飞机	饭馆	
地铁	图书馆	面条	
出租车	女儿	自行车	
可乐	意大利	旅游	
上班	对不起	面包	
哪儿	玩儿	饱	
上课	宿舍	商店	
北京	飞机	现在	
火车	上海	韩国	
奶茶	出租车	公共汽车	

문장 만들기
'타다' 문장

❶ 긍정문 (핵심은 '타다' = 坐 zuò / 骑 qí)

나는 비행기를 탑니다.	나는	탑니다	비행기를
	我	坐	飞机
그는 자전거를 탑니다.	그는	탑니다	자전거를
	他	骑	自行车

❷ 부정문

나는 비행기를 안 탑니다.	나는	안	탑니다	비행기를
	我	不	坐	飞机
그는 자전거를 안 탔습니다.	그는	안	탔습니다	자전거를
	他	没	骑	自行车

❸ 의문문

당신은 택시를 탑니까?	당신은	탑니-	택시를	까?
	你	坐	出租车	吗?
당신은 자전거를 탑니까 안 탑니까?	당신은	탑니까	안 탑니까	자전거를
	你	骑	不骑	自行车?
당신은 뭐 타고 갑니까?	당신은	타다	무엇을	갑니까?
	你	坐	什么	去?

❹ 연동문

첫번째 동작이 두번째 동작으로 가는 과정, 수단과 방법을 나타낸다.

나는 자전거 타고 병원에 간다.				
나는	탄다	자전거를	간다	병원에
我	骑	自行车	去	医院。

출력하기

괄호를 채우고 한어병음을 써 보세요.

❶ 나는 (　　)를 탄다.

我	坐	火车。

❷ 나는 (　　)을 타고 (　　) 간다.

我	坐	地铁	去	玩儿。

❸ (　　)는 (　　)를 타고 (　　) 하신다.

妈妈	坐	出租车	去	上班。

❹ 학생들은 (　　)를 타고 (　　) 하러 온다.

学生们	骑	自行车	来	上课。

❺ 모두들 다 (　　)를 타고 (　　)에 온다.

大家	都	坐	公共汽车	来	学校。

❻ 내 친구는 (　　)를 타고 미국에 (　　) 간다.

我	朋友	坐	飞机	去	美国	旅游。

출력하기
다음 문장을 중국어로 쓰세요.

❶ 내 남동생은 지하철을 탄다.

❷ 내 여동생은 버스를 타고 식당에 간다.

❸ 우리 오빠는 식당에 가서 밥을 먹는다.

❹ 우리 언니는 택시 타고 식당에 가서 밥을 먹는다.

❺ 내 남자친구는 커피 마시러 이탈리아에 간다.

❻ 내 여자친구는 국수 먹으러 비행기 타고 중국에 간다.

❼ 너 자전거 타고 도서관 가?

❽ 우리 아들은 기차 안 타고 가.

❾ 우리 딸은 23번 버스를 타고 와. (* 路 lù 버스 번호 셀 때 씀)

❿ 우리 뭐 타고 가?

14
你要坐什么去?
차이나라이 LEVEL 1

복습하기
12과의 회화문을 중국어로 완성하세요.

A : 너 어디가?

A :

B : 나 학원에 가.

B :

A : 너 학원 가서 뭐 배워?

A :

B : 영어를 배워.

B :

A : 너 영어 할 수 있어?

A :

B : 조금.

B :

A : 너 중국어도 할 줄 알고, 영어도 할 줄 아네. 대단하다!

A :

B : 너도 우리 학원 와라!

B :

오늘의 회화

이동 계획
묻고 대답하기

 你坐什么去北京？

A : 我要去北京。 Wǒ yào qù Běijīng.

B : 你要去北京？为什么？ Nǐ yào qù Běijīng? Wèishénme?

A : 我朋友从韩国过来，我要去看看她。 Wǒ péngyou cóng Hánguó guòlai, wǒ yào qù kànkan tā.

B : 你们要去北京旅游吗？ Nǐmen yào qù Běijīng lǚyóu ma?

A : 嗯，我们要去长城、天安门等等。 Èn, wǒmen yào qù Chángchéng、Tiān'ānmén děngděng.

B : 你要坐什么去北京？ Nǐ yào zuò shénme qù Běijīng?

A : 我要坐飞机去。 Wǒ yào zuò fēijī qù.

A 나 베이징에 가려고 해.

B 너 베이징에 가려고 한다고? 왜?

A 내 친구가 한국에서 와서 그녀를 좀 보러 가려고.

B 너희는 베이징 가서 여행할 거야?

A 응, 우리는 만리장성, 천안문 등등에 갈 거야.

B 너 뭐 타고 베이징에 가려고?

A 비행기 타고 갈 거야.

단어 배우기
딱 10단어만 외워요!

要	yào	~하려 한다
为什么	wèishénme	왜
从	cóng	~로부터
过来	guòlai	오다
看	kàn	보다
嗯	èn	응
长城	Chángchéng	만리장성
天安门	Tiān'ānmén	천안문
等等	děngděng	등등
坐	zuò	타다/앉다

단어 익히기

단어를 써 보면서 충분히 단어를 익히세요.

~하려 한다	要 yào				
왜	为什么 wèishénme				
~로부터	从 cóng				
오다	过来 guòlai				
보다	看 kàn				
응	嗯 èn				
만리장성	长城 Chángchéng				
천안문	天安门 Tiān'ānmén				
등등	等等 děngděng				
타다/앉다	坐 zuò				

출력하기

다음 단어들을 성조에 따라 분류하세요.

多	游	很	师	玩	什
喝	要	习	飞	号	北
旅	高	长	为	贵	来
看	也	知	天	等	火
机	从	点	过	名	坐

1성

2성

3성

4성

핵심 콕콕!
나라이쌤과 핵심구문을 배워요.

❶ 要 — ~하려 한다 [의지]

我要坐飞机。	나는 비행기를 타려고 한다.
我要学汉语。	저는 중국어를 배우려고 합니다.
我要喝咖啡。	나는 커피 마실 거야.

❷ 从○○ 到○○ — ~부터 ~까지

他从美国来。	그는 미국에서 옵니다.
从1月到12月	1월부터 12월까지
从首尔到釜山	서울부터 부산까지

❸ 坐 — (교통수단을) 타다/앉다

我坐火车去奶奶家。	저는 기차를 타고 할머니 댁에 가요.
你坐几路车去?	너 몇 번 버스 타고 가?
我要坐这儿。	저는 여기 앉을 거예요.

❹ 看看 (동사 중첩) — ~좀 해 보다 [시도]

我去看看。	내가 가서 좀 볼게.
我尝尝。	제가 맛을 좀 볼게요.
我想学一学	저는 좀 배워 보고 싶습니다.
你说一下。	당신이 말 좀 해 보세요.

출력하기
다음 문장을 중국어로 쓰세요.

❶ 나는 자전거 타고 학교에 간다.

❷ 나는 택시 타고 학교에 갈 거야.

❸ 우리는 피자를 먹을 거야.

❹ 그들은 무엇을 타고 병원에 가려고 해?

❺ 그들은 오늘 영화관에 가서 영화를 보려 한다.

❻ 우리는 1월부터 3월까지 여행을 갈 거다.

❼ 너희는 몇 월부터 몇 월까지 여행을 갈 거야?

❽ 너희는 왜 중국을 가려고 해?

❾ 누가 중국어를 배우려고 하니?

❿ 누가 학원에 가서 중국어를 배우려고 하니?

회화 완성

회화문을 한어병음으로 완성하세요.

A : 나 베이징에 가려고 해.

A :

B : 너 베이징에 가려고 한다고? 왜?

B :

A : 내 친구가 한국에서 와서 그녀를 좀 보러 가려고.

A :

B : 베이징 가서 여행할 거야?

B :

A : 응, 우리는 만리장성, 천안문 등등에 갈 거야.

A :

B : 너 뭐 타고 베이징에 가려고?

B :

A : 비행기 타고 갈 거야.

A :

회화 완성
회화문을 중국어로 완성하세요.

A : 나 베이징에 가려고 해.

A : 我 _____ 北京。

B : 너 베이징에 가려고 한다고? 왜?

B : 你 _____ 北京？ _____？

A : 내 친구가 한국에서 와서, 그녀를 좀 보러 가려고.

A : 我朋友 _____, 我_____。

B : 베이징 가서 여행할 거야?

B : 你们 _____吗？

A : 응, 우리는 만리장성, 천안문 등등에 갈 거야.

A : 嗯， 我们_____长城、_____。

B : 너 뭐 타고 베이징에 가려고?

B : 你_____去北京？

A : 비행기 타고 갈 거야.

A : 我_____。

149

15
형용사

차이나라이 LEVEL 1

출력하기
단어를 완성하고 그 뜻을 쓰세요.

出（　）车 : ＿＿＿＿＿
| 共 | 租 | 火 |

旅（　） : ＿＿＿＿＿
| 游 | 有 | 没 |

地（　） : ＿＿＿＿＿
| 天 | 坐 | 铁 |

（　）行车 : ＿＿＿＿＿
| 子 | 自 | 字 |

（　）班 : ＿＿＿＿＿
| 儿 | 玩 | 上 |

公共（　）车 : ＿＿＿＿＿
| 骑 | 汽 | 气 |

飞（　） : ＿＿＿＿＿
| 手 | 机 | 几 |

단어 배우기

느낌을 나타내는 단어 (형용사)

好	hǎo	좋다, 잘 지내다
漂亮	piàoliang	예쁘다
帅	shuài	잘생겼다
可爱	kě'ài	귀엽다
忙	máng	바쁘다
累	lèi	피곤하다
热	rè	덥다
冷	lěng	춥다
好吃	hǎochī	맛있다
好看	hǎokàn	보기 좋다, 예쁘다

단어 익히기

단어를 써 보면서
충분히 단어를 익히세요.

좋다, 잘 지내다	好 hǎo				
예쁘다	漂亮 piàoliang				
잘생겼다	帅 shuài				
귀엽다	可爱 kě'ài				
바쁘다	忙 máng				
피곤하다	累 lèi				
덥다	热 rè				
춥다	冷 lěng				
맛있다	好吃 hǎochī				
보기 좋다, 예쁘다	好看 hǎokàn				

출력하기
제시된 단어의 한어병음을 찾아보세요.

l	e	n	g	x	h	a	o	u	i	w
n	s	y	w	p	y	z	q	r	x	u
r	e	h	f	i	t	l	a	m	u	d
k	i	g	l	a	r	k	e	a	i	f
s	g	e	a	o	q	j	x	n	k	h
m	z	x	y	l	w	h	c	g	l	a
s	h	u	a	i	q	g	n	m	f	o
h	u	b	h	a	o	k	a	n	n	c
p	a	c	i	n	s	l	d	z	s	h
l	e	i	b	g	a	o	x	i	n	i

❶ 좋다, 잘 지내다 ❷ 예쁘다

❸ 덥다 ❹ 춥다

❺ 귀엽다 ❻ 피곤하다

❼ 보기 좋다 ❽ 잘생겼다

❾ 바쁘다 ❿ 맛있다

출력하기
한국어 뜻과 한어병음, 한자를 연결하세요.

한국어	한어병음	한자
잘생겼다	rè	帅
피곤하다	piàoliang	漂亮
덥다	hǎo	累
예쁘다	shuài	热
좋다, 잘 지내다	lèi	好看
춥다	máng	冷
귀엽다	hǎokàn	好
맛있다	hǎochī	忙
바쁘다	lěng	可爱
보기 좋다, 예쁘다	kě'ài	好吃

155

문장 만들기

느낌을 나타내는 문장 (형용사 술어문)

❶ 긍정문 (핵심은 '매우' = 很 hěn을 습관적으로 넣는다)

나는 (매우) 바쁘다.	나는	매우	바쁘다.
	我	很	忙。
그녀는 (매우) 예쁘다.	그녀는	매우	예쁘다.
	她	很	漂亮。

❷ 부정문 (핵심은 不 bù)

나는 안 바쁘다.	나는	안	바쁘다.
	我	不	忙。
그녀는 안 예쁘다.	그녀는	안	예쁘다.
	她	不	漂亮。

❸ 의문문

1. 문장 끝에 吗

당신은 바쁩니까?	당신은	바쁘-	까?
	你	忙	吗?
그녀는 예쁩니까?	그녀는	예쁘-	까?
	她	漂亮	吗?

2. 긍정 + 부정

당신은 바빠요 안 바빠요?	당신은	바쁘다	안 바쁘다	?
	你	忙	不忙	
그녀는 예뻐요 안 예뻐요?	그녀는	예쁘다	안 예쁘다	
	她	漂亮	不漂亮	

3. 의문사

그녀의 남자친구는 어때요?	그녀의 남자친구는	어때요	?
	她的男朋友	怎么样	

출력하기

주어진 문장을 한어병음으로 쓰세요.

❶ 저는 바쁩니다.

❷ 제 여자친구는 예쁩니다.

❸ 그녀의 남자친구는 안 잘생겼습니다.

❹ 내 남동생은 안 귀여워.

❺ 영국은 더워요.

❻ 사과는 맛있다.

❼ 영화관의 커피는 맛있다.

❽ 춥니?

❾ 너 잘 지내니?

❿ 너 피곤해 안 피곤해?

출력하기

어순에 맞게 배열하세요.

❶ 好 / 很 / 我

❷ 不 / 饿 / 我

❸ 热 / 吗 / 上海 / 很

❹ 你 / 很 / 帅 / 男朋友 / 吗 / 的

❺ 冷 / 你们 / 冷 / 不 / 学校

❻ 北京 / 水果 / 不 / 的 / 好吃

❼ 你 / 自行车 / 很 / 好看 / 的

❽ 我们 / 漂亮 / 老师 / 很 / 的

❾ 妹妹 / 可爱 / 可 / 你 / 不

❿ 好 / 茶 / 好喝 / 不 / 中国

16
你好吗？
차이나라이 LEVEL 1

복습하기
14과의 회화문을 중국어로 완성하세요.

A : 나 베이징에 가려고 해.

A :

B : 너 베이징에 가려고 한다고? 왜?

B :

A : 내 친구가 한국에서 와서, 그녀를 좀 보러 가려고.

A :

B : 너희는 베이징에 가서 여행할 거야?

B :

A : 응, 우리는 만리장성, 천안문 등등에 갈 거야.

A :

B : 너 뭐 타고 베이징 가려고?

B :

A : 비행기 타고 갈 거야.

A :

오늘의 회화
안부와 느낌을 묻고 대답하기

▶ 你好吗?

A: 你好吗?   Nǐ hǎo ma?

B: 我很好,你呢?   Wǒ hěn hǎo, nǐ ne?

A: 我最近有点儿忙。   Wǒ zuìjìn yǒudiǎnr máng.
今天天气很好。   Jīntiān tiānqì hěn hǎo.

B: 嗯,但是有点儿冷。   Èn, dànshì yǒudiǎnr lěng.

A: 要不要去饭馆吃拉面?   Yàobuyào qù fànguǎn chī lāmiàn?

B: 我非常喜欢吃拉面,   Wǒ fēicháng xǐhuan chī lāmiàn,
拉面很好吃。   lāmiàn hěn hǎochī.

A: 好吧!我们骑自行车去吧!   Hǎo ba! Wǒmen qí zìxíngchē qù ba!

B: 走吧!   Zǒu ba!

A 잘 지냈어?
B 난 잘 지내지, 너는?
A 나는 요즘 약간 바빠. 오늘 날씨가 참 좋네.
B 응, 근데 약간 춥다.
A 식당 가서 라면 먹을까?
B 나는 라면 엄청 좋아. 라면은 정말 맛있어.
A 좋아! 우리 자전거 타고 가자!
B 가자!

단어 배우기

딱 10단어만 외워요!

呢	ne	[앞에서 언급된 말의 반복을 생략할 때 씀]
最近	zuìjìn	요즘, 최근
有点儿	yǒudiǎnr	약간, 조금
天气	tiānqì	날씨
但是	dànshì	그러나
拉面	lāmiàn	라면
非常	fēicháng	매우, 대단히
喜欢	xǐhuan	좋아하다
骑	qí	타다
走	zǒu	가다, 걷다

단어 익히기

단어를 써 보면서 충분히 단어를 익히세요.

[말의 반복을 생략할 때 씀]	呢 ne				
요즘, 최근	最近 zuìjìn				
약간, 조금	有点儿 yǒudiǎnr				
날씨	天气 tiānqì				
그러나	但是 dànshì				
라면	拉面 lāmiàn				
매우, 대단히	非常 fēicháng				
좋아하다	喜欢 xǐhuān				
타다	骑 qí				
가다, 걷다	走 zǒu				

출력하기
한국어 뜻과 한어병음, 한자를 연결하세요.

요즘, 최근	•	•	dànshì	•	•	有点儿
그러나	•	•	yǒudiǎnr	•	•	最近
좋아하다	•	•	zuìjìn	•	•	天气
약간, 조금	•	•	lāmiàn	•	•	但是
날씨	•	•	xǐhuan	•	•	喜欢
매우, 대단히	•	•	tiānqì	•	•	走
라면	•	•	qí	•	•	拉面
타다	•	•	fēicháng	•	•	呢
[반복을 생략]	•	•	zǒu	•	•	非常
가다, 걷다	•	•	ne	•	•	骑

핵심 콕콕! 나라이쌤과 핵심구문을 배워요.

❶ 呢 — [앞에서 언급된 말의 반복을 생략할 때 씀]

我坐飞机去，你呢?	나는 비행기 타고 가, 너는?
我弟弟学汉语，你弟弟呢?	내 동생은 중국어 배워. 네 동생은?

❷ 有点儿 / 很 / 非常 — 약간 / 매우 / 대단히

水果有点儿贵。	과일은 약간 비싸요.
面条很好吃。	국수는 정말 맛있어요.
我现在非常饿。	나 지금 엄청 배고파.

❸ 但是 — 그러나

我会说英语，但是不会说汉语。	저는 영어는 할 줄 알아요, 근데 중국어는 못 해요.
我有很多外国朋友，但是没有德国朋友。	저는 많은 외국인 친구가 있어요, 그런데 독일 친구는 없어요.
我去中国，但是不去北京。	나 중국에 가는데 베이징은 안 가.

❹ 喜欢 — 좋아하다

我喜欢中国人。	저는 중국인을 좋아해요.
中国人喜欢喝绿茶。	중국인은 녹차 마시는 걸 좋아해요.
我非常不喜欢学习。	나는 공부하는 걸 엄청 싫어해.

출력하기
다음 문장을 중국어로 쓰세요.

❶ 나는 약간 배고파.

❷ 나는 영화 보는 것을 좋아해.

❸ 요즘 날씨가 안 좋다.

❹ 선생님께서는 오늘 대단히 바쁘세요.

❺ 나 영국에 가려고 해. 근데 나는 영어를 못 해.

❻ 프랑스 요리는 매우 맛있다. 근데 약간 비싸다.

❼ 나는 그를 엄청 좋아한다.

❽ 한국인은 라면(먹는 것)을 좋아해요.

❾ 제 동생은 자전거 타는 것을 엄청 좋아합니다.

❿ 너 요즘에 뭐 배우니?

회화 완성

회화문을 한어병음으로 완성하세요.

A : 잘 지냈어?

A :

B : 난 잘 지내지, 너는?

B :

A : 나는 요즘 약간 바빠. 오늘 날씨가 참 좋네.

A :

B : 응, 근데 약간 춥다.

B :

A : 식당 가서 라면 먹을까?

A :

B : 나는 라면 엄청 좋아해. 라면은 정말 맛있어.

B :

A : 좋아! 우리 자전거 타고 가자!

A :

B : 가자!

B :

회화 완성

회화문을 중국어로 완성하세요.

A : 잘 지냈어?

A :

B : 난 잘 지내지, 너는?

B :

A : 나는 요즘 약간 바빠. 오늘 날씨가 참 좋네.

A :

B : 응, 근데 약간 춥다.

B :

A : 식당 가서 라면 먹을까?

A :

B : 나는 라면 엄청 좋아해. 라면은 정말 맛있어.

B :

A : 좋아! 우리 자전거 타고 가자!

A :

B : 가자!

B :

중간 점검

13~16과에서 배운 단어의 한자, 한어병음, 뜻을 쓰세요.

飞机	嗯	坐	呢
累	长城	出租车	最近
冷	好吃	公共汽车	有点儿
地铁	等等	天安门	天气
热	火车	好看	但是
~하려 한다	자전거	예쁘다	라면
왜	수업하다	놀다	매우, 대단히
~로부터	귀엽다	잘생겼다	좋아하다
오다	여행하다	출근하다	타다
보다	좋다, 잘 지내다	바쁘다	가다, 걷다

중간 점검
주어진 문장에 맞는 한자와 한어병음을 쓰세요.

문장		
나 일본에 갈 거야.	한자	
	병음	
저는 과일을 먹을 거예요.	한자	
	병음	
너 뭐 타고 학교 가?	한자	
	병음	
저는 자전거 타고 출근합니다.	한자	
	병음	
우리 식당 가서 밥 먹자.	한자	
	병음	
오늘 날씨가 좋네요.	한자	
	병음	
베이징은 엄청 더워.	한자	
	병음	
나 조금 배고파.	한자	
	병음	
나 안 추워.	한자	
	병음	
중국차는 맛있어요?	한자	
	병음	

답지

차이나라이 LEVEL 1

11page

bà	sān	hé	cháng
chī	nǎi	kàn	hǎo
xiàng	cǎo	běi	péng
shēng	yuàn	qián	yín

14page

sì	shí'èr	wǔshíbā	sìshíwǔ
èrshíliù	shíqī	sānshíjiǔ	bāshíwǔ
sìshíyī	wǔshí	liùshísān	qī
qīshíjiǔ	bā	jiǔshíjiǔ	liùshíqī

15page

二	十	八十九	二十五
四十三	六十一	九十	三十七
六	五十二	七十四	十六
三十	四十八	六十五	七十九

17page

三十三	八十五	二十一	五十四
六十二	九十	六十九	五十八
三	十六	三十六	四十七
八十一	七十	二十二	七十五

18page

bāshísān	liùshíjiǔ	èr	shísì
jiǔshíyī	sānshíqī	wǔ	qīshíliù
shí'èr	èrshíbā	líng	sìshísì
wǔshí	liùshíwǔ	bāshí'èr	yìbǎi

22page

hào	shēngrì	Shèngdànjié	yuè
de	Chūnjié	jīntiān	bǎi
Chūnjié	yuè	shēngrì	jǐ
hào	líng	jīntiān	Shèngdànjié

23page

今天	圣诞节
几	号
生日	月
百	零
的	号

29page

yīyuàn	dìdi	niúnǎi	kāfēi
Běijīng	péngyou	fēicháng	xiàngpí
hànzì	Hánguó	wǒmen	shāngdiàn
xuéxiào	kělè	míngtiān	fànguǎn

32page

e	q	l	y	p	n	g	y	u	s
c	z	x	u	e	s	h	e	n	g
t	w	m	e	n	l	s	x	i	d
d	j	l	o	g	p	e	a	m	n
a	i	a	j	y	u	r	j	e	r
j	t	o	t	o	s	f	i	n	l
i	o	s	w	u	d	w	o	d	j
a	u	h	k	q	l	u	p	c	i
h	k	i	s	a	n	h	i	q	u
q	i	l	p	t	a	m	e	n	y

34page

① dàjiā ② Nǐ hǎo
③ lǎoshī ④ péngyou
⑤ xuésheng ⑥ tāmen
⑦ Duìbuqǐ ⑧ Xièxie
⑨ Zàijiàn ⑩ Méiguānxi

35page

Nǐ hǎo!	Zàijiàn!	tāmen	Péngyǒumen hǎo!
wǒmen	Nín hǎo!	Lǎoshī hǎo!	Xièxie!
Dàjiā hǎo!	Nǐmen hǎo!	Duìbuqǐ!	xuésheng
Xièxie!	Búkèqì!	Méiguānxi.	tāmen

36page

① 你好！Nǐ hǎo! ② 大家好！Dàjiā hǎo!
③ 你们好！Nǐmen hǎo! ④ 再见！Zàijiàn!
⑤ 对不起！Duìbuqǐ ⑥ 没关系。Méi guānxi.
⑦ 朋友们好！Péngyǒumen hǎo!
⑧ 老师好！Lǎoshī hǎo!
⑨ 谢谢！Xièxie! ⑩ 不客气。Búkèqì.

42page

① me ② gāo ③ sheng ④ zi
⑤ rèn ⑥ jié ⑦ jīn

43page

shénme	jiào	guì	rènshi
hěn	lǎoshī	míngzi	gāoxìng
nín	hěn	rènshi	guì
shénme	jiào	xìng	míngzi

45page

① 他的生日几月几号? ② 你叫什么名字?
③ 您贵姓?(你姓什么?) ④ 我们的老师姓赵。
⑤ 我很高兴。 ⑥ 老师的生日八月二十四号。
⑦ 今天是他的生日。 ⑧ 他们爱我。
⑨ 我认识她。 ⑩ 认识您很高兴。

48page 중간 점검

sì	jiào	dàjiā	shénme
tāmen	wǒ	tā	jǐ
liù	hěn	de	yuè
guì	gāoxìng	nǐmen	bǎi
bā	nǐ	tā	Chūnjié
学生 xuésheng	七 qī	名字 míngzi	生日 shēngrì
朋友 péngyou	五 wǔ	认识 rènshi	二 èr
老师 lǎoshī	号 hào	三 sān	零 líng
一 yī	圣诞节 Shèngdànjié	九 jiǔ	他 tā
今天 jīntiān	姓 xìng	您 nín	十 shí

49page 중간 점검

① 你叫什么名字? Nǐ jiào shénme míngzi?
② 我叫乐乐。Wǒ jiào Lèlè.
③ 今天几月几号? Jīntiān jǐ yuè jǐ hào?
④ 我的生日七月十四号。
　　Wǒ de shēngrì qī yuè shísì hào.
⑤ 老师好! Lǎoshī hǎo!
⑥ 大家好! Dàjiā hǎo!
⑦ 没关系。Méi guānxi.
⑧ 您贵姓? Nín guì xìng?
⑨ 我姓刘。Wǒ xìng Liú.
⑩ 认识你很高兴。Rènshinǐ hěn gāoxìng.

51page

Lǎoshī hǎo	Zàijiàn
Búkèqì.	Péngyoumen hǎo
不客气。	您好!
老师好!	没关系!

54page

Rìběn	Déguó
Měiguó	Shànghǎi
Fǎguó	Zhōngguó
Běijīng	Yìdàlì
Hánguó	Yīngguó

① 美国 ② 韩国 ③ 北京 ④ 法国 ⑤ 朋友
⑥ 老师 ⑦ 德国 ⑧ 中国人 ⑨ 学生 ⑩ 日本人

56page

① shì ② Yīngguórén ③ Wǒ, lǎoshī
④ bú, shì ⑤ Tāmen, Déguórén
⑥ bú, shì, péngyou ⑦ Nǐ, ma
⑧ Yìdàlì, xuésheng, ma
⑨ Tā, Zhōngguó, lǎoshī ⑩ de, bú, shì, ma

57page

① 是 ② 意大利人 ③ 我,学生 ④ 不,是
⑤ 他们，我们，的，老师 ⑥ 我，不，是，朋友
⑦ 你，韩国人 ⑧ 的，是，吗
⑨ 不，是，吗 ⑩ 她，我的，德国，朋友

58page

① 我不是法国人。 ② 你是北京人吗?
③ 他不是日本人。 ④ 她是中国老师。
⑤ 你的中国朋友不是上海人吗?
⑥ 우리는 한국인입니다.
⑦ 우리 선생님은 독일 사람이 아닙니다.
⑧ 그녀들은 우리들의 친구예요.
⑨ 그는 이탈리아 사람 아니에요?
⑩ 쟤는 너의 같은 반 친구야?

173

■ 64page

e	t	p	y	i	n	g	y	u	q
o	x	e	z	b	c	a	x	w	i
s	d	n	a	g	u	o	r	e	n
l	m	g	f	h	m	x	k	l	y
j	i	y	u	e	j	i	h	a	o
z	x	o	c	w	b	n	a	q	e
x	a	u	g	m	h	g	n	w	i
u	s	d	f	i	j	k	y	e	p
e	z	h	a	n	g	f	u	w	i
s	a	r	e	g	f	x	p	o	r
h	s	t	k	z	c	b	l	a	t
e	d	y	w	i	y	u	k	i	y
n	f	z	t	x	g	h	j	n	u
g	h	s	h	e	n	g	r	i	o

■ 66page

① 我是德语老师。　　② 你是意大利人吗?
③ 她是我的同学。　　④ 他不是我们的老师。
⑤ 你的丈夫姓刘吗?　　⑥ 我妻子叫赵敏。
⑦ 中国春节也是一月一号。　⑧ 他们都不认识你。
⑨ 我(的)丈夫爱我。　　⑩ 他的名字也是李成龙。

■ 70page

谢谢大家	两百
六百五十七	对不起，老师。
同学们好!	我是韩国人
你是中国人吗?	他们不是法国人。
你的学生们是美国人吗?	他不是北京人吗?
她也是日本人	我们都是朋友。

■ 73page

엄마	할머니
딸	오빠/형
여동생	아들
남동생	할아버지
아빠	언니/누나

■ 74page

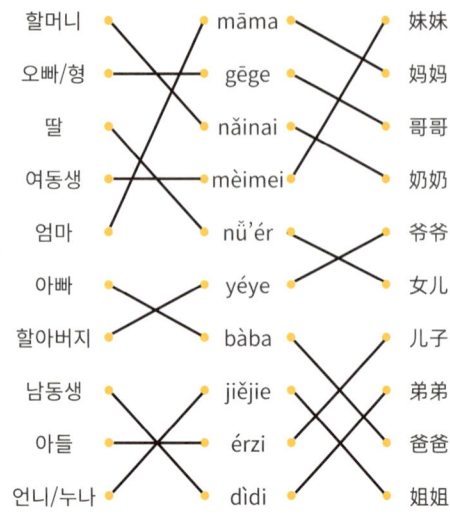

■ 75page

bàba	gēge	māma	mèimei
dìdi	yéye	érzi	nǚ'ér
mèimei	māma	bàba	jiějie
érzi	nǎinai	nǚ'ér	yéye

■ 77page

① Wǒ yǒu mèimei. (저는 여동생이 있어요.)
② Tā yǒu érzi. (그녀는 아들이 있어요.)
③ Wǒ méi yǒu gēge. (나는 형이 없어.)
④ Wǒmen lǎoshī yě méi yǒu nǚ'ér.
　(우리 선생님도 아들이 없으셔.)
⑤ Nǐ yǒu nǎinai ma? (너 할머니 있어?)
⑥ Nǐ yǒu nǚpéngyou ma? (너 여자친구 있어?)
⑦ Wǒ de Měiguó péngyou méi yǒu jiějie.
　(제 미국 친구는 언니가 없어요.)
　* Wǒ de jiějie méi yǒu Měiguó péngyou.
　(우리 언니는 미국 친구가 없어요.)
⑧ Nǐmen yǒu méi yǒu nánpéngyou?
　(너희 남자친구 있어 없어?)
⑨ Nǐ shìbushì Hánguórén? (한국인 맞아요?)
⑩ Tā shìbushì nǐ de nǚpéngyou?
　(쟤 너 여자친구 아니야?)

■ **78page**
① 他是我爸爸。 ② 他也不是我弟弟。
③ 我儿子没有女朋友。 ④ 我妈有哥哥。
⑤ 你们都有德国朋友吗？ ⑥ 你没有爷爷吗？
⑦ 你有没有男朋友？ ⑧ 他也是你的妹妹吗？
⑨ 你妻子是不是汉语老师？
⑩ 你的男朋友是不是意大利人？

■ **84page**

nǚrén	shéi
hé	yǒu
lǎolao	nánde
kǒu	jiā
méi yǒu	lǎoye

① 没有 ② 高兴 ③ 妻子 ④ 家人 ⑤ 丈夫
⑥ 谁 ⑦ 男的 ⑧ 都 ⑨ 认识 ⑩ 女的

■ **86page**
① Nǐ shì shéi?
② Shéi shì nǐ de lǎoshī?
③ Tāmen dōu shì Zhōngguó xuésheng.
④ Tāmen dōu bú shì nǚrén.
⑤ Shéi xìng Wáng?
⑥ Wǒ jiārén dōu hěn gāoxìng.
⑦ Wǒ péngyou jiā yǒu sì kǒu rén.
⑧ Tā shì bú shì nǐ de lǎolao?
⑨ Jīntiān méi yǒu Hànyǔ kè.
⑩ Wǒ yǒu érzi hé nǚ'ér.

■ **89page** 중간 점검

Hánguó	Zhōngguó	shì	Yīngguó
shéi	dìdi	nǎ	nǚ'ér
gēge	jiā	zhàngfu	mèimei
Měiguó	Rìběn	lǎolao	érzi
kǒu	méiyǒu	bù	ma
爸爸 bàba	法国 Fǎguó	德国 Déguó	都 dōu
妈妈 māma	同学 tóngxué	有 yǒu	和 hé
爷爷 yéye	北京 Běijīng	上海 Shànghǎi	姥爷 lǎoyé
也 yě	汉语 Hànyǔ	意大利 Yìdàlì	男的 nánde
姐姐 jiějie	妻子 qīzi	奶奶 nǎinai	女的 nǚde

■ **90page** 중간 점검
① 你是哪国人？ Nǐ shì nǎguórén?
② 我是韩国人。 Wǒ shì Hánguórén.
③ 她不是日本人。 Tā bú shì Rìběnrén.
④ 你是学生吗？ Nǐ shì xuésheng ma?
⑤ 你是谁？ Nǐ shì shéi?
⑥ 我有姐姐。 Wǒ yǒu jiějiě.
⑦ 我没有中国朋友。
　 Wǒ méi yǒu Zhōngguó péngyou.
⑧ 你有女朋友吗？ Nǐ yǒu nǚpéngyou ma?
⑨ 你家有几口人？ Nǐ jiā yǒu jǐ kǒu rén?
⑩ 我家有四口人。 Wǒ jiā yǒu sì kǒu rén.

■ **92page**

我有中国朋友。	我朋友有弟弟。
他们没有女儿。	我爸爸没有妹妹
你有儿子吗？	你的女儿有男朋友吗？
我妈妈是北京人。	她的奶奶也是英国人。
他们是谁？	他们都是我的家人。

■ **95page**

kāfēi	chá
miàntiáo	píngguǒ
kělè	shuǐguǒ
牛奶	水
面包	饭

■ **96page**
① 包 ② 水 ③ 牛 ④ 面 ⑤ 乐 ⑥ 苹 ⑦ 啡

■ **98page**
① 국수: Wǒ chī miàntiáo.
② 여동생, 밥: Wǒ mèimei bù chī fàn.
③ 오빠/형, 마셔: Gēge bù hē kělè ma?
④ 과일: wǒ méi chī shuǐguǒ.
⑤ 아들, 우유: Wǒ jiějie de érzi bù hē niúnǎi.
⑥ 모두, 마신다: Lǎoshīmen dōu hē kāfēi.
⑦ 가족, 빵: Nǐ jiārén dōu bù chī miànbāo ma?

99page

① 我吃饭。
② 中国人喝茶。
③ 我丈夫不吃苹果。
④ 你儿子吃不吃面条?
⑤ 我女儿也不吃水果。
⑥ 你有水吗?
⑦ 你吃什么?
⑧ 我们都没吃饭。
⑨ 你没吃水果吗?
⑩ 她也没喝牛奶。

105page

shuǐguǒ	xiànzài
xiǎng	pīsà
bǎo	hē
ba	è
xīguā	zhīdào

107page

① nǐ xiǎng chī shénme ?
② wǒ xiǎng chī pīsà.
③ qīzi xiànzài hē shénme?
④ wǒ xiànzài hěn bǎo.
⑤ shéi xiǎng chī xīguā?
⑥ wǒ bù zhīdào tā de shēngrì.
　 (tā bù zhīdào wǒ de shēngrì.)
⑦ wǒmén zǒu ba!
⑧ tāmen dōu bù xiǎng chī.
⑨ wǒ jīntiān méi chī xīguā.
⑩ wǒmen xiànzài qù chīfàn ba.

111page

1성	2성
咖 关 都 喝 包 吃	苹 条 没 人 牛 茶 国 男
3성	4성
米 可 水 女 奶 有 果 也	乐 面 大 谢 饭 不 对 弟

114page

기숙사	은행
상점	식당
학교	커피숍
회사	도서관
병원	영화관

115page

① 商店　② 图书馆　③ 公司　④ 电影院　⑤ 宿舍
⑥ 医院　⑦ 学校　⑧ 饭馆　⑨ 银行　⑩ 咖啡店

117page

① Wǒ qù xuéxiào.
② Tā qù Měiguó.
③ Wǒ péngyou lái Hánguó.
④ Jiějie qù nǎinai jiā.
⑤ wǒ érzi méi qù Rìběn.
⑥ Nánde méi qù yínháng.
⑦ Nǐ qù bu qù diànyǐngyuàn?
⑧ wǒmen dōu bú qù túshūguǎn.
⑨ wǒ qù Zhōngguó fànguǎn chī fàn.
⑩ Tā bù lái wǒmen fànguǎn chī fàn.

118page

① 妈妈去商店。
② 老师们来宿舍。
③ 你来不来?
④ 你哥哥去医院吗?
⑤ 我回家。
⑥ 我去咖啡厅喝牛奶。
⑦ 我去公司喝水。
⑧ 朋友们来我家吃水果。
⑨ 我的英国朋友也去日本餐厅吃面条。
⑩ 我们去他家吃饭吧!

124page

y	英	语	有
sh	谁	生	说
ch	茶	吃	春
x	学	想	现
h	会	和	很
q	去	妻	七
b	补	班	饱
j	叫	家	几
ian	点	天	面
ai	来	奶	在

126page

① 我想吃中国菜。
② 我不想去美国。
③ 你想学英语吗？
④ 你想说什么？
⑤ 爸爸去饭馆吃饭。
⑥ 他没来我们公司。
⑦ 他们去哪里？
⑧ 你去吧。
⑨ 你丈夫会说韩语吗？
⑩ 我妈妈很厉害。

129page 중간 점검

mǐfàn	xué	xuéxiào	nǎr
shuǐguǒ	píngguǒ	gōngsī	xiànzài
zhīdào	bǔxíbān	túshūguǎn	hē
è	bǎo	fànguǎn	qù
miànbāo	Yīngyǔ	shāngdiàn	miàntiáo
宿舍 sùshè	披萨 pīsà	医院 yīyuàn	咖啡 kāfēi
茶 chá	说 shuō	电影院 diànyǐngyuàn	会 huì
想 xiǎng	来 lái	水 shuǐ	可乐 kělè
厉害 lìhai	一点点 yìdiǎndiǎn	补习班 bǔxíbān	吃 chī
牛奶 niúnǎi	吧 ba	银行 yínháng	西瓜 xīguā

130page 중간 점검

① 你想吃什么？ Nǐ xiǎng chī shénme?
② 你想吃披萨吗？ Nǐ xiǎng chī pīsà ma?
③ 我想吃面条。 Wǒ xiǎng chī miàntiáo.
④ 他不喝咖啡。 Tā bù hē kāfēi.
⑤ 你去哪儿？ Nǐ qù nǎr?
⑥ 我去医院。 Wǒ qù yīyuàn.
⑦ 你会说汉语吗？ Nǐ huì shuō Hànyǔ ma?
⑧ 我不会说英语。 Wǒ bú huì shuō Yīngyǔ.
⑨ 我爸爸学日语。 Wǒ bàba xué Rìyǔ.
⑩ 我不知道。 Wǒ bù zhīdào.

132page

① 果　② 馆　③ 儿　④ 习　⑤ 奶
⑥ 院　⑦ 面　⑧ 家　⑨ 书　⑩ 学

135page

旅游	火车	地铁	上课
出租车	上班	玩儿	飞机
上课	自行车	火车	公共汽车
上班	飞机	旅游	地铁

136page

① f　② t　③ e　④ l　⑤ b
⑥ a　⑦ sh　⑧ i　⑨ h　⑩ ch

138page

① 기차: Wǒ zuò huǒchē.
② 지하철, 놀러: Wǒ zuò dìtiě qù wánr.
③ 엄마, 택시, 출근: Māma zuò chūzūchē qù shàngbān.
④ 자전거, 수업: Xuéshengmen qí zìxíngchē lái shàngkè.
⑤ 버스, 학교: Dàjiā dōu zuò gōnggòng qìchē lái xuéxiào.
⑥ 비행기, 여행: Wǒ péngyou zuò fēijī qù Měiguó lǚyóu.

139page

① 我弟弟坐地铁。
② 我妹妹坐公共汽车去饭馆。
③ 我哥去饭馆吃饭。
④ 我姐姐坐出租车去饭馆吃饭。
⑤ 我男朋友去意大利喝咖啡。
⑥ 我女朋友坐飞机去中国吃面条。
⑦ 你骑自行车去图书馆吗？
⑧ 我儿子不坐火车去。
⑨ 我女儿坐23路车回来。
⑩ 我们坐什么去？

145page

1성		2성	
多 师 喝 飞 高 知 京 机		游 玩 什 习 来 从 名	
3성		**4성**	
很 北 旅 也 冷 火 点		要 号 地 为 贵 看 过 坐	

177

147page

① 我骑自行车去学校。
② 我要坐出租车去学校。
③ 我们要吃披萨。
④ 他们要坐什么去医院?
⑤ 他们今天要去电影院看电影。
⑥ 我们要从一月到三月去旅游。
⑦ 你们要从几月到几月去旅游?
⑧ 你们为什么要去中国?
⑨ 谁要学汉语?
⑩ 谁要去补习班学汉语?

151page

① 租 택시 ② 游 여행 ③ 铁 지하철 ④ 自 자전거
⑤ 上 출근하다 ⑥ 汽 버스 ⑦ 机 비행기

154page

④l	e	n	g	x	①h	a	o	u	i	w
n	s	y	w	②p	y	z	q	r	x	u
③r	e	h	f	i	t	l	⑨a	m	u	d
k	i	g	l	a	r	⑤k	e	a	i	f
s	g	e	a	o	q	j	x	n	k	⑩h
m	z	x	y	l	w	h	c	g	l	a
⑧s	h	u	a	i	q	g	n	m	f	o
h	u	b	⑦h	a	o	k	a	n	n	c
p	a	c	i	n	s	l	d	z	s	h
⑥l	e	i	b	g	a	o	x	i	n	i

155page

157page

① 我很忙。
② 我女朋友很漂亮。
③ 她的男朋友不帅。
④ 我弟弟不可爱。
⑤ 英国很热。
⑥ 苹果很好吃。
⑦ 电影院的咖啡很好喝。
⑧ 冷吗?
⑨ 你好吗?
⑩ 你累不累?

158page

① 我很好。
② 我不饿。
③ 上海很热吗?
④ 你的男朋友很帅吗?
⑤ 你们学校冷不冷?
⑥ 北京的水果不好吃。
⑦ 你的自行车很好看。
⑧ 我们的老师很漂亮。
⑨ 你妹妹可不可爱?
⑩ 中国茶好不好喝?

164page

■ **166page**

① 我有点儿饿。
② 我喜欢看电影。
③ 最近天气不好。
④ 老师今天非常忙。
⑤ 我要去英国，但是我不会说英语。
⑥ 法国菜很好吃，但是有点儿贵。
⑦ 我非常喜欢他。
⑧ 韩国人喜欢吃拉面。
⑨ 我弟弟非常喜欢骑自行车。
⑩ 你最近学什么？

■ **169page** 중간 점검

fēijī	èn	zuò	ne
lèi	Chángchéng	chūzūchē	zuìjìn
lěng	hàochī	gōnggòng qìchē	yǒudiǎnr
dìtiě	děngděng	Tiān'ānmén	tiānqì
rè	huǒchē	hǎokàn	dànshì
要 yào	自行车 zìxíngchē	漂亮 piàoliang	拉面 lāmiàn
为什么 wèishénme	上课 shàngkè	玩儿 wánr	非常 fēicháng
从 cóng	可爱 kě'ài	帅 shuài	喜欢 xǐhuan
来 lái	旅游 lǚyóu	上班 shàngbān	坐 zuò
看 kàn	好 hǎo	忙 máng	走 zǒu

■ **170page** 중간 점검

① 我要去日本。 Wǒ yào qù Rìběn.
② 我要吃水果。 Wǒ yào chī shuǐguǒ.
③ 你坐什么去学校？ Nǐ zuò shénme qù xuéxiào?
④ 我骑自行车去上班。
   Wǒ qí zìxíngchē qù shàngbān.
⑤ 我们去饭馆吃饭吧！
   Wǒmen qù fànguǎn chīfàn ba!
⑥ 今天天气很好。 Jīntiān tiānqì hěn hǎo.
⑦ 北京非常热。 Běijīng fēicháng rè.
⑧ 我有点儿饿。 Wǒ yǒudiǎnr è.
⑨ 我不冷。 Wǒ bù lěng.
⑩ 中国茶好喝吗？ Zhōngguóchá hǎohē ma?

저자 엄나래

북경사범대학 대외한어교육 석사
국민대학교 중문과 학사

(現) 프리랜서 중국어강사
　　 유튜브 '차이나라이 중국어' 운영중

(前) 네이버 중국판 차이나랩 〈김과장중국어〉 연재
　　 교보증권 외 다수 기업체 출강 및 중국어 동영상 강의 제작
　　 호텔인교육센터 창업자 과정 교육
　　 때때롯살롱 해외전략팀 근무
　　 CANADA BRITISH INTERNATIONAL SCHOOL 중국어 강사
　　 호텔롯데 롯데리조트제주 근무
　　 KT 국제통역실 중국어 통역
　　 서서울생활과학고 중국어 강사

유튜브에 차이나라이 중국어를 검색해 보세요.

 차이나라이 중국어

차이나라이 중국어회화 LEVEL 1

초판 1쇄 발행 2025년 1월 1일

지은이 엄나래
펴낸이 장길수
펴낸곳 지식과감성#
출판등록 제2012-000081호

녹음 白亦佼, 任嘉玮, 施一欣
마케팅 지식과감성#

주소 서울시 금천구 벚꽃로298 대륭포스트타워6차 1212호
전화 070-4651-3730~4
팩스 070-4325-7006
이메일 ksbookup@naver.com
홈페이지 www.knsbookup.com

ISBN 979-11-392-2304-0(SET)
ISBN 979-11-392-2305-7(14720)
값 15,000원

• 이 책의 판권은 지은이에게 있습니다.
• 이 책 내용의 전부 또는 일부를 재사용하려면 반드시 지은이의 서면 동의를 받아야 합니다.
• 잘못된 책은 구입하신 곳에서 바꾸어 드립니다.

지식과감성#
홈페이지 바로가기